本书由江西财经大学工商管理学院及国家留学基金委博士后项目
（201608360046）资助

变化中的中国食品市场
—— 中等收入人群进口食品质量感知和消费意愿

A TRANSFORMING FOOD MARKET IN CHINA
—— MIDDLE-INCOME CONSUMER PERSPECTIVES ON IMPORTED FOODS

赵 星 ◎ 著

经济管理出版社
ECONOMY & MANAGEMENT PUBLISHING HOUSE

图书在版编目（CIP）数据

变化中的中国食品市场：中等收入人群进口食品质量感知和消费意愿/赵星著 . —北京：经济管理出版社，2019.7

ISBN 978 - 7 - 5096 - 6862 - 7

Ⅰ. ①变… Ⅱ. ①赵… Ⅲ. ①食品—进口商品—商品市场—研究—中国 Ⅳ. ①F724.782

中国版本图书馆 CIP 数据核字（2019）第 171696 号

组稿编辑：杜　菲
责任编辑：杜　菲
责任印制：黄章平
责任校对：陈晓霞

出版发行：经济管理出版社
（北京市海淀区北蜂窝 8 号中雅大厦 A 座 11 层　100038）
网　　址：www.E - mp.com.cn
电　　话：（010）51915602
印　　刷：三河市延风印装有限公司
经　　销：新华书店
开　　本：720mm×1000mm/16
印　　张：14.5
字　　数：173 千字
版　　次：2019 年 7 月第 1 版　2019 年 7 月第 1 次印刷
书　　号：ISBN 978 - 7 - 5096 - 6862 - 7
定　　价：78.00 元

·版权所有　翻印必究·

凡购本社图书，如有印装错误，由本社读者服务部负责调换。
联系地址：北京阜外月坛北小街 2 号
电话：（010）68022974　　邮编：100836

前　言

　　自 2000 年以来，中国的食品进口大幅增长，2012 年已一跃成为全球第二大食品进口国。然而，促使中国消费者加大购买进口食品力度的原因却鲜有研究。因此，本书以中等收入消费群体为例，针对进口食品的质量感知和支付意愿，采用方法目的链和离散选择实验的方法，辅以均值排序和对应分析的技术来了解中国进口食品市场快速增长的背后机制。通过对牛肉、婴幼儿奶粉和红酒市场的调查发现，安全感、享乐主义和从众心理是促使中国中等收入消费者对进口食品需求不断增长的动机。而其中最重要的驱动力是对国产食品安全保障的担忧。在这种情况下，中国的中等收入消费者表现出对价格并不敏感的特征。他们往往将更高的价格与更好的质量联系在一起。只有在私下消费情境中，食品口味和效用而非安全是主要考量问题时，国产食品才会被优先列入可能的购买范围。

　　在中美贸易战愈演愈烈的今天，如何促使中国消费者减少对外国食品的依赖，更多地消费国产食品，值得中国食品生产者和营销者仔细考量。而本书的研究结果相信对揭示中国食品市场的发展趋势具有重要的启示意义。首先，消费者对于食品安全方面的担忧要求中国政府和食品行业共同努力，为公众提供安全健康的食品；否则，国产食品安全方面的问题将继续成为推动中国食品进口的重要力量。其次，研究结果显示出中等收入消费者对深加工食品知识的匮乏和对口味的追求。这为国内生产企业留下了相当大的市场空间，只要食品安全不再是消费者重点关切的问题，它们就有获得更大市场份额和更高利润的可能性。最后，中国中等收入消费者还显示出对进口食品价格的不敏感，他们愿意为进口食品特别是发达国家的进口品牌食品付出高达100%~200%的溢价。鉴于中等收入人群规模在中国的日益扩张，外国生产企业通过提供安全健康食品而在中国食品市场上获得较高利润的机会还是相当大的。

目 录

第一章 中国食品进口概况 ·· 001
 一、逐年递增的食品进口量 ·· 001
 二、主要食品进口概况 ·· 006
 三、本章小结 ·· 015

第二章 中等收入人群以及食品消费中的原产地效应 ················ 017
 一、快速增长的中国经济和逐渐拉开的收入差距 ···················· 017
 二、中国中等收入人群 ·· 025
 三、食品消费中的原产地效应 ······································ 040
 四、本章小结 ·· 050

第三章 感知 ··· 052
 一、感知的定义 ·· 052
 二、食品质量感知模型 ·· 056
 三、中国食品消费者质量感知研究 ·································· 060
 四、本章小结 ·· 062

第四章 质化与量化研究：方法目的链和离散模型 ···················· 064
 一、研究范式及理论框架 ·· 064

二、质化研究 ··· 070
　　三、量化研究 ··· 084
　　四、本章小结 ··· 103

第五章　数据分析 ··· 104
　　一、质化分析 ··· 104
　　二、量化数据分析 ··· 134
　　三、本章小结 ··· 147

第六章　质化和量化数据横向比较分析 ································· 148
　　一、质化研究和量化研究的样本差异 ································· 148
　　二、原产国效应的差异 ··· 150
　　三、品牌重要性的差异 ··· 154
　　四、价格重要性的差异 ··· 157
　　五、其他因素重要性的差异 ·· 161
　　六、本章小结 ··· 164

第七章　结论与展望 ··· 166
　　一、主要观点 ··· 166
　　二、未来研究方向 ··· 169
　　三、结论 ·· 172

参考文献 ·· 174

附录　量化调研表 ··· 218

第一章
中国食品进口概况

一、逐年递增的食品进口量

中国耕地面积有限,但由于指标不一,具体面积一直众说纷纭。根据中国统计年鉴数据,我国2000年、2010年和2016年耕地面积分别为19.51亿亩、18.26亿亩和20.24亿亩(中国统计局,2018)。而中国科学院发布的《中国可持续发展遥感监测报告(2016)》声称,我国的耕地面积在2000年达到最大值,然后逐年降低至2010年的21.36亿亩。但 The World Bank 数据则显示,我国耕地面积在1991年达到顶峰,为12490万公顷(18.73亿亩),然后逐年下降至2000年的11820万公顷(17.73亿亩),以及2014年的10570万公顷(15.86亿亩)。无论具体数字为多少?中国耕地面积有限已经是不争的事实。如果采用 The World Bank(2018)的数据进行各国间横向对比,情况则更为明显。

2014年，中国可耕地面积为国土面积的11.26%，人均0.08公顷；而美国2014年数据则为15.69%，人均0.48公顷；地广人稀的俄罗斯虽然可耕地面积只有国土总面积的7.518%，但人均耕地却有0.86公顷。虽然欧洲人口众多，但相对来说，其人均可耕地面积也大多优于中国。以英国和德国为例。2014年，英国可耕地面积为国土面积的25.77%，人均0.092公顷；德国可耕地面积则为国土面积的33.24%，人均0.15公顷。即使是与中国一样同为发展中国家且人口众多的印度，2014年可耕地面积也有国土面积的52.63%，人均0.12公顷。

　　由于人均耕地占有面积较少，在随着经济快速发展而来的饮食结构升级过程中，中国不可避免地成为全球食品市场上的进口大国。United Nations（2018）的数据很清晰地表明，自2005年开始，中国进口食品总值①增长迅猛。从2005年的215.27亿美元，猛增到2006年的228.88亿美元，直至2014年的最高值1055.57亿美元。② 2012年，中国进口食品总值首次超过日本，成为仅次于美国的世界第二大食品进口国，如表1-1所示。由于统计口径的不同，中国国家质量监督检验检疫总局录得的数据稍有出入。根据其发布的《2016年中国进口食品质量安全状况白皮书》所述，"2011年我国已经成为全球第一大食品农产品进口市场"，并指出"部分大宗进口产品已成为国内市场重要的供应来源"。很明显，无论中外何种口径，中国都已成为世界食品贸易中的重要国家。但如此大的进口量是由于中国食品供应匮乏

---

　　① 此数值包括标准国际贸易分类（SITC）第3修订版的第0大类、第1大类、第4大类和第22类。
　　② 2015年和2016年录得数值略有下降，但2015~2016年人民币对美元波动幅度较大（2015年1月，1美元兑6.2元人民币；2016年12月，1美元兑6.9元人民币）。

造成的吗？答案是否定的。

表1-1 2005~2016年中国、美国、日本及世界进口食品总值

单位：亿美元

年份	中国	美国	日本	世界总值
2005	215.27	728.79	536.37	6900.44
2006	228.88	802.83	521.73	7587.14
2007	323.95	876.72	553.78	9189.93
2008	494.89	951.86	661.07	11152.88
2009	452.22	870.21	577.36	9861.49
2010	595.21	973.61	641.04	11067.71
2011	753.98	1140.41	790.57	13480.10
2012	905.67	1114.29	789.43	13300.04
2013	985.54	1166.00	717.49	13884.87
2014	1055.57	1331.46	689.00	14319.46
2015	1023.31	1349.12	627.82	12991.06
2016	996.52	1375.46	628.03	12709.14

资料来源：United Nations（2018）。

首先，从中国商务部对外贸易司（2018）的历年中国农产品进出口月度统计报告中可以看出，2005年以来中国进口农产品总值一直高于出口，如表1-2所示。即使在进出口差值最大的2012~2014年，出口总值也一直有进口总值的55%以上。United Nations的数据也进一步证明了这一比例。其次，就商务部数据所显示的农产品进出口结构来看，我国一直倾向于出口劳动密集型农产品而进口土地密集型农产品。2016年，我国主要出口农产品为水（海）产品（13.71亿美元）和食用蔬菜（10.55亿美元），主要进口农产品则为油料、工业用或药用植物、稻草、秸秆及饲

料（38.30亿美元）和畜肉及杂碎（8.98亿美元）。同期出口农产品主要目的地为亚洲（65.21%）、欧洲（14.38%）和北美洲（11.61%），而进口农产品则主要来自北美洲（26.49%）、南美洲（26.05%）、亚洲（18.39%）和欧洲（16.39%）。这些数据表明，我国农产品进出口类别不同，目的亦不同。进口土地密集型产品（如油料、大豆和小麦等）、出口劳动密集型产品（如大蒜和柑橘属水果等）本身就符合国际贸易比较优势理论。再次，我国粮食生产在经过20世纪80～90年代快速增长后，增长势头已明显放缓。国内市场上消费者对于口粮的需求早已被满足。近年粮食进口大增的主要原因是满足工业消费和饲料消费需要。由于国际市场上的粮食价格远低于国内，工业生产企业更倾向于购买进口粮食。① 以稻谷为例，中国国家统计局统计年鉴数据表明，1997年中国的稻谷产量为2.01亿吨，而这一数字在2016年也仅增至2.07亿吨。胡峰（2008）在研究1990年后的粮食价格水平后就声称中国国内稻谷市场在1996年已经饱和。这不仅促使1996～2002年稻谷价格下滑42%，也直接导致我国国内粮食市场出现销售难问题。国内市场的饱和使我国稻谷进口量相对较低。2016年，我国稻谷和大米进口只有0.04亿吨，低于当年国内稻谷总产量的2%。最后，国内消费者收入的逐年攀升是导致进口食品需求增加的主要原因。恩格尔定律指出，随着收入的提高，人们在食品方面的支出比重将下降。中国也不例外。国家统计局（2018）数据显示，我国居民的恩格尔系数逐年下降。1978年，恩格尔系数在中国城镇地区为57.5%，而在农村地区为

---

① 2016年11月，基准美国小麦（2号硬红冬麦，离岸价）平均每吨220美元。而2016年10月21日中国发改委宣布的2017～2018年小麦最低收购价格为每吨2360元（按当月汇率1美元兑换6.6元人民币估算，此价格为每吨357.58美元）。

67.7%，到 1990 年，这两个数值分别降为 54.2% 和 58.8%。而在 2010 年，这两个数字持续下降为 35.7% 和 41.1%。到了 2016 年，则进一步降至 29.3% 和 32.2%。虽然食品支出在总支出中的比重持续下降，但是随着高速增长的居民收入水平，全社会的食品支出总额却一直处于上升态势。1995 年，城镇地区人均食品消费为 1766.0 元，而在农村地区则为 768.2 元。这两个数值在 2010 年分别增长至 4804.7 元和 1800.7 元，2016 年则进一步升至 6762.4 元和 3266.1 元。为了满足市场上日益增长的多样化食品的需求，中国食品产量与进口食品量迅猛增长。

表 1-2　2005~2016 年中国进出口农产品总值　　单位：亿美元

年份	出口	进口
2005	271.8	286.5
2006	310.3	319.9
2007	366.2	409.7
2008	402.2	583.3
2009	392.1	521.7
2010	488.8	719.2
2011	601.3	939.1
2012	625.0	1114.4
2013	671.0	1179.1
2014	713.4	1214.8
2015	701.8	1159.2
2016	726.1	1106.1

资料来源：中国商业部对外贸易司（2018）。

表 1-2 的数据很清晰地表明，我国人均耕地面积有限但所产口粮尚能保证我国居民日常消费所需，而且在进口额增加的同

时，我国食品出口额也蔚为可观。进口食品的大幅增长主要源于生产者降低成本的考量（比较优势理论）和居民人均收入的攀升所带来的食品消费多样化需要。但这些因素在主要食品进口品类方面造成哪些具体影响尚待逐项剖析，以便于更全面地了解我国进口食品市场现状。

二、主要食品进口概况

对于各项进口食品的度量，我国各部门之间以及国内外各组织之间的统计口径并不一致。例如，我国商务部对外贸易司农产品进出口统计主要依据 WTO 的农产品目录加上水（海）产品，我国海关总署则采用海关合作理事会制定的《商品名称和编码协调制度》（HS）来进行进口食品类统计，而联合国贸易司对食品统计口径的依据是《联合国国际贸易标准分类》（STIC）。比较而言，SITC 是先按商品的不同加工程度再按商品的不同用途分别进行归类的方法。而 HS 则是先按商品的基本原料再按商品的不同加工程度分别归类的方法。这就导致有些产品在 SITC 中无法看到详细统计信息，但在 HS 中却得以体现（或在 HS 中无法看到详细统计信息，但在 SITC 中却得以体现）。故此，本书将采用不同数据来源对我国进口量较大且近年增长较快速的食品类别进行分析，以便明了当今进口食品在我国人民生活中/食品市场中所占的地位。

（一）粮食

"民以食为天"，粮食市场在世界各国都是一个特殊的市场。它是居民生活的必需品，也是与国家安全有关的战略物资。

我国国家统计局的粮食统计口径主要包括谷物（稻谷、小麦、玉米等）、豆类和薯类。从比例上看，我国粮食的自主率相对较高。海关总署（2018）的数据显示，2014年，我国粮食进口量为1.00亿吨，这一数值为2014年粮食总产量6.07亿吨的16.54%（其中大豆占粮食进口量的72.40%）。2015年，粮食进口量则达到了1.25亿吨，这一数值为2015年粮食总产量6.21亿吨的20.08%（其中大豆进口量占粮食进口量的65.48%）。2016年，粮食进口量为1.15亿吨，这一数值为2016年粮食总产量6.16亿吨的18.61%（其中大豆进口量占粮食进口量的73.17%）。2007～2016年，我国的粮食总产量仅仅增长了1.15亿吨，为2016年产量的18.69%，如表1-3所示。但在这10年间，我国的粮食进口却呈现翻三番的趋势。从2007年的0.32亿吨猛增到2016年的1.15亿吨。进口粮食中，小麦、玉米和稻谷的进口比重并不高，但大豆却常年占据进口粮食中的较大份额。2016年，我国小麦进口只有0.03亿吨，稻谷和大米进口0.04亿吨，玉米进口0.03亿吨，但是，大豆进口量却为0.84亿吨（2002年为0.11亿吨）。相对于2016年0.17亿吨的国产豆类总产量，进口大豆已占据我国市场的82.90%。[①]

[①] 我国进口食品市场上，大豆主要来源于美国和巴西，主要用途为油脂压榨。2016年，我国大豆压榨量为0.83亿吨，占进口大豆总量的98.92%。

表1-3 2007~2016年我国粮食总产量和进口粮食总量　　单位：亿吨

年份	粮食总产量	进口粮食总量
2007	5.01	0.32
2008	5.29	0.39
2009	5.31	0.46
2010	5.46	0.67
2011	5.71	0.58
2012	5.90	0.80
2013	6.02	0.78
2014	6.07	1.00
2015	6.21	1.25
2016	6.16	1.15

资料来源：中国国家统计局（2018）。

总体来看，我国粮食的对外依存度并不高。进口猛增主要来自对压榨用大豆需求的增加。但也应该注意到，随着我国的城市化占用越来越多的农业用地并让越来越多的人离开农田，耕地减少而粮食产量趋于平稳的趋势难以逆转，这使近期内我国作为粮食进口国的情形难以改变。

（二）肉类

我国居民对于肉类的需求在2013年后已逐渐放缓，如表1-4所示。在不同的肉类需求中，猪肉的需求一直旺盛且稳定，特别是在城镇地区。2007年，城镇居民人均年消费猪肉已达18.21公斤，10年后这一数值也仅仅增加了12.03%，达到20.4公斤。2007年，农村居民人均年消费猪肉13.37公斤，10年后这一数值增长39.87%，达到18.7公斤。但对于农村居民来说，对猪肉的消费主要增长于2007~2013年，而在2013~2016年并没有很大变化，甚至还有下降。相对于猪肉，牛羊肉的消费在过去10年间的增长更为平缓。2007年，城镇居民牛羊肉人均年消费总量是3.93公斤，10年后这一数值只增长了9.41%，达到4.3公斤。2007年，农村居民牛羊肉人均年消费总量是1.51公斤，10年后这一数值增长了32.45%，达到2公斤。

表1-4　2007~2016年我国肉类生产、消费和进口概况

年份	城镇居民人均肉类消费量（公斤）	农村居民人均肉类消费量（公斤）	我国肉类产量（万吨）	进口牛肉（万吨）	进口牛肉价值（百万美元）	进口羊肉（万吨）	进口羊肉价值（百万美元）	进口猪肉（万吨）	进口猪肉价值（百万美元）
2007	22.14	14.88	6865.7	0.364	14.16	4.66	78.58	8.58	123.43
2008	22.70	13.94	7278.7	0.423	18.03	5.55	105.91	37.33	523.50
2009	24.20	15.33	7949.7	1.416	44.05	6.65	139.27	13.50	136.31
2010	24.51	15.83	7925.8	2.365	84.22	5.70	156.74	20.13	208.99
2011	24.58	16.32	7965.1	2.016	95.13	8.31	275.59	46.77	847.68
2012	24.96	16.36	8387.2	6.139	254.66	12.39	421.51	52.22	981.47
2013	28.50	20.60	8535.0	29.422	1270.15	25.87	954.66	58.35	1105.05
2014	28.40	20.70	8706.7	29.795	1289.98	28.29	1133.01	56.42	1049.85
2015	28.90	21.20	8625.0	47.384	2321.36	22.29	730.00	77.75	1449.69
2016	29.00	20.70	8573.8	57.984	2515.93	22.01	573.89	162.02	3190.42

资料来源：中国国家统计局（2018），United Nations（2018）。

2007~2016年，我国肉类产量增长了1708.1万吨（24.87%）。但同期城镇居民的人均肉类消费量却有30.98%的增长幅度，且农村居民消费量增长迅猛，达到39.11%。进一步考虑到我国2007年城镇化率只有45.89%（6.06亿人口居住在城镇），而2016年城镇化率却达到57.35%（7.93亿人口居住在城镇），我国肉类生产和消费之间明显存在着巨大的缺口。而这一缺口的填补，从数据上来看，主要依靠进口。

中国国家质量监督检验检疫总局所发布的《2016年中国进口食品质量安全状况白皮书》显示，2011~2015年，我国肉类（含禽类）进口量稳定，约占国内肉类供应量的3%。进口肉类贸易额列前3位的分别为欧盟、美国和澳大利亚。2016年，我国肉类进口量则增长迅猛，占国内肉类供应量的5.1%。贸易额列前3位的分别为欧盟、巴西和美国。商务部对外贸易司数据则显示，我国畜肉及杂碎进口额从2007年的5.74亿美元猛增到2016年的89.77亿美元。United Nations的数据则更为详尽。如果按照SITC（Rev3）分类，我国在2007~2016年进口的011项——牛肉（新鲜、冷藏或冷冻）数量增长接近160倍，价值增长177.68倍。相对于牛肉，羊肉进口增幅则较为和缓。按SITC（Rev3）分类，我国在2007~2016年进口的0121项——绵羊或山羊肉（新鲜、冷藏或冷冻）数量增长4.73倍，价值增长7.30倍。而我国传统食用肉类——猪肉的进口增幅则在两者之间。按SITC（Rev3）分类，我国在2007~2016年进口的0122项——猪肉（新鲜、冷藏或冷冻）数量增长18.88倍，价值增长25.85倍。总体来看，我国肉类（猪、牛、羊肉）进口在过去的10年间增长较快，但相对于我国比较大的基数来说，对外总体依存度依旧不高。

机械工业信息研究院情报研究所（2016）的报告指出，我国牛羊肉出产主要依靠小农户养殖，成本高企。在此情形下，预计我国进口的牛羊肉数量还会进一步增加，尤其是从澳洲进口的牛羊肉数量。① 但鉴于国外牛肉安全问题频发，我国进口检验检疫机制也在逐步加强。2017年，巴西牛肉进口量猛降就是进口检验

---

① 随着2015年中澳自贸协定的正式签订，澳洲进口牛肉12%的关税将在9年内逐步取消，活牛5%的关税将在4年内逐步取消，羊肉12%~23%的关税将在8年内逐步取消。

检疫机制加强的一个直观体现。

（三）乳制品

自从2008年国产婴幼儿奶粉含三聚氰胺的事件曝光以来，我国消费者对于国产乳制品的信任度大幅降低。此态度转变直接导致过去数年进口乳制品数量和金额的大幅提升，如表1-5所示。在中国商务部对外贸易司（2018）的《中国进出口月度统计报告》中，乳品并未单列，而是与蛋品、蜂蜜及其他食用动物产品合计一项。此项在2007年的进口金额为7.54亿美元，2009年猛增至10.48亿美元。而后逐年递增至2016年的69.76亿美元。10年间增长达9.26倍。但这一数据包括产品品种过多，未能完全体现我国乳制品进口情况。相比而言，联合国贸易司（2018）的数据则更能展示实际情况。按照SITC（Rev3）分类，中国进口0221项，未浓缩和加甜牛奶（包括脱脂牛奶）与奶油在2007年进口量为0.41万吨，进口金额为666万美元；2016年则增至63.41万吨，价值6.40亿美元。10年间进口数量增长153.54倍，金额增长96.05倍。对于婴儿奶粉，SITC（Rev3）并没有详尽分类项。但如果按照HS96分类的190110项，婴儿配方食品（谷物、面粉、淀粉或牛奶的零售婴儿食品，供零售使用的婴幼儿用品）来计算，联合国贸易司的数据则为2007年进口量为3.58万吨，金额为2.48亿美元；2016年，进口20.31万吨，价值15.66亿美元。2007~2016年，婴儿配方食品进口数量增长6.29倍，进口金额增长12.40倍。

由于进口量的猛增，2016年和2017年中国国家质量监督检验检疫总局发布的《"十二五"进口食品质量安全状况白皮书》和《2016年中国进口食品质量安全状况白皮书》都将进口乳制品

表 1-5　2007~2016 年我国奶类产量和乳制品进口情况

年份	190110 项——婴儿配方食品进口金额（亿美元）	190110 项——婴儿配方食品进口数量（万吨）	0221 项——牛奶（包括脱脂牛奶）和奶油（未浓缩和加甜）进口金额（亿美元）	0221 项——牛奶（包括脱脂牛奶）和奶油（未浓缩和加甜）进口数量（万吨）	我国奶类产量（万吨）
2007	2.48	3.584	0.07	0.41	3633.4
2008	3.96	4.22	0.12	0.74	3781.5
2009	6.05	6.24	0.20	1.28	3677.7
2010	6.88	6.64	0.28	1.59	3748.0
2011	8.61	7.83	0.60	4.05	3810.7
2012	10.45	9.13	1.19	9.38	3875.4
2013	14.70	12.18	2.34	18.44	3649.5
2014	15.66	12.31（est.）	4.09	32.02	3841.2
2015	25.16	17.99	4.85	45.96（est.）	3870.3
2016	30.70	22.53（est.）	6.40	63.41	3712.1

资料来源：中国国家统计局（2018），联合国贸易司（2018）。

注：est. 为联合国估计数值。

作为重点篇幅予以介绍。其中数据显示，2015 年，我国乳制品类的进口贸易额约占我国进口食品贸易总额的 14.4%；2016 年，乳粉进口量占国内供应量的比例是 22.1%。2011~2015 年，婴幼儿配方乳粉年进口量翻番达到 17.6 万吨，2016 年进一步加快增长达 22.1 万吨。这些婴幼儿配方乳粉主要来自欧盟、东盟和新西兰。除却婴幼儿奶粉，其他乳制品进口量在 2016 年也达到 101.3 万吨，占国内乳制品供应量的 17.1%。其中，贸易额列前 3 位的分别为欧盟、新西兰和澳大利亚。

总体来看，2008 年开始我国乳制品进口数量和进口额增长快速。这一结果的产生既是我国国内乳制品信任危机爆发的结果，也受到国外相关政策的推动,如 2012 年欧盟开始取消牛奶配额制度等。鉴于我国牛奶的生产成本较高而得到政府的补贴较少(欧盟奶农收到来自政府的高额补助)且市场形象不佳,预计我国乳制品行业的对外依存度在将来还会持续上升。

(四) 葡萄酒

葡萄酒在我国的饮用历史很长,早在汉代就有"葡萄美酒夜光杯"的诗句流传。但它在我国规模酿造的历史却很短。李厚敦(2012)在其《探访中国红酒庄》一书中写道:"近代中国第一家有规模的葡萄酒厂是由南洋华侨张弼时于 1892 年在烟台兴建的'张裕'。由张裕成立一直到 1949 年……中国共有 7 家葡萄酒厂……(当时)全国红酒产量才 100 吨……'文革'后的 1978 年,全国已有 100 家酒厂,但总产量才不过 6.4 万吨。"改革开放后,我国葡萄酒产业发展迅猛。2016 年,我国葡萄酒年产量超过 11 亿升,约占全球产量的 4%,一跃成为世界第九大葡萄酒生产国。即使葡萄酒产量巨大,由于我国人均葡萄酒饮用量的上升,产销之间的缺口依然要靠进口葡萄酒来填补。

葡萄酒的进口量在中国国家统计局、商务部和农业部都没有公开统计数据。只有在商务部对外贸易司的《中国进出口月度统计报告》中,葡萄酒进口量被包含在饮料、酒和醋的统计项下。此项在 2007 年的进口金额为 8.67 亿美元,而后逐年递增至 2016 年的 47.85 亿美元。10 年间进口额增长 5.52 倍。而联合国贸易司的数据则更为详尽,如表 1 - 6 所示。按照 SITC(Rev3)分类,中国进口的 1121 项,2007 年新鲜葡萄酒(含强化酒)进口量为 1.48 亿升,金额为 2.57 亿美元;2016 年则上升为 6.39 亿升,价值 23.66 亿美元。10 年间进口数量增长 4.31

倍，金额增长 9.19 倍。根据海关信息网信息，中国 2016 年瓶装葡萄酒（小于或等于 2 升瓶装）进口量为 4.82 亿升，金额为 21.95 亿美元，主要进口国分别为法国、澳大利亚、西班牙和智利。而同年散装葡萄酒（容器容积大于等于 2 升）进口量为 1.44 亿升，进口金额为 1.13 亿美元。这一数字与联合国统计数字相近。

表 1-6　2007~2016 年我国葡萄酒进口情况

年份	新鲜葡萄酒（含强化酒）（SITC Rev3 1121 项）	
	进口金额（亿美元）	进口数量（亿升）
2007	2.57	1.48
2008	3.81	1.65
2009	4.58	1.73
2010	7.97	2.86
2011	14.37	3.66
2012	15.83	3.95
2013	15.57	3.77
2014	15.22	3.85
2015	20.41	5.56
2016	23.66	6.39

资料来源：联合国贸易司（2018）。

在进口葡萄酒数量和金额连年快速增长的情况下，国产葡萄酒产量却在近年有所下降。中国葡萄酒资讯网数据显示，2014~2017 年中国的葡萄酒产量分别为 11.61 亿升、11.48 亿升、11.37 亿升和 10.01 亿升。有机构指出，这主要是国产葡萄种植成本高且葡萄酒生产和销售模式落后导致的。2015 年中澳自贸协定生效以来，中国葡萄酒产业更是雪上加霜。澳洲葡萄酒规模量化生产带来的低成本、良好的经营模式、逐年降低的关税①以及中国消费者对进口葡萄酒的偏好将使中国葡萄酒进口量在未来数年间进一步上升。

三、本章小结

人口众多但人均耕地较少的现状使中国在加入世贸组织后不可避免地成为全球市场上的主要食品进口国。随着经济的发展和人民生活水平的提高，近年来进口食品更是量价齐增。2016年进口食品的金额已是我国加入世贸组织初期2001年的10倍以上。即使2015年受世界经济衰退影响，中国进口总额同比下降13.31%。食品进口总额仍"一枝独秀"，比2014年上升8.1%。进口食品已经成为我国消费者重要的食品来源。

面对快速增长的进口食品市场，无论中外企业还是学者都表现出极大的兴趣。有学者认为进口激增的主要原因是国内食品产量不足以满足消费需求，也有学者认为主要原因是消费者对国产食品安全的担忧，还有学者认为这是全球化下受西方生活方式的影响所带来的结果（Van Rijswi Jk & Frewer，2008；Cao et al.，2013；McCarthy et al.，2016）。虽然这一现象的产生和消费者消费习惯密切相关，但促使中国消费者购买进口食品的原因却在学

---

① 2017年，澳洲瓶装葡萄酒的关税已经降至5.6%，散装葡萄酒关税降至8%。根据澳大利亚外交贸易部发布的中国关税承诺说明进度表（Explanatory Schedule of Chinese Tariff Commitments），这两个数字都将在2019年降至0。

术界未见到系统的探讨。有鉴于此，本书将就此问题在质化和量化两个层面进行分析，以填补相应的研究空白，并期望给予相关生产者以营销方面的启示和建议。

针对这一研究目标，接下来本书将对进口食品主要的购买人群加以区分，然后针对此人群进行调研，以辨明进口食品对目标消费群体的吸引力并探讨中国消费者对进口食品的具体支付意愿。由此得到的结论相信不仅仅能帮助我国食品生产企业更好地设立营销策略，而且有益于相关政府部门出台措施以帮助我国食品行业在激烈的市场竞争中存活下来。

第二章
中等收入人群以及食品消费中的原产地效应

一、快速增长的中国经济和逐渐拉开的收入差距

1978年以来，中国经济从一个低效率的计划模式逐渐转向高效率的市场模式。国民生产总值的平均增长速度在1979～1984年为8.5%，在1985～1995年增至9.7%；随后在1996～2000年回落至8.2%；但在2001～2010年重新增至15.57%；2010～2016年再度减缓至8.86%。根据中国国家统计局（2018）数据，1978～2016年，中国的国民生产总值已增长了202倍，达到744127.2亿元。而The World Bank（2018）的数据也显示自2010年起，中国的国民生产总值已在世界各国中稳居第二位。

过去30余年经济的快速增长和我国以城市为基础的工业化发展战略密切相关。我国第一、第二、第三产业在国民生产总值中的比重由1978年的27.7%、47.7%和24.6%分别变成2000

年的14.7%、45.5%和39.8%，以及2016年的8.6%、39.8%和51.6%。在工业化进程中，我国城镇居民收入增长速度远远高于农村居民。中国国家统计局（2018）的数据显示，中国农村居民平均年收入从1978年的133.6元增长到2016年的12363.4元，增长了92.54倍。同期城镇居民人均可支配收入从343.4元增长到33616.2元，增长97.89倍，如表2-1所示。虽然增长倍数相近，但农村和城镇地区的收入"剪刀差"在过去的30余年中却在逐渐拉大，如图2-1所示。同时还应注意到，这段时期农村居民的大部分收入增长并非来自传统的农业生产。在工业化的进程中，很多农民离开土地进入城市以获得更高的工资收入。但这些工资收入由于农民的户籍问题，依然被国家统计局计算入农村收入之中。1990年，只有14.0%农村收入来自工资收入。但这个数字在2000年增长为22.3%，2010年为29.0%，2016年更增至40.62%。由于大部分农村收入增长来自工资收入，实际农业生产部分所贡献的收入增长比例是远远低于农村平均收入增长速度的。换句话说，2016年实际从事农业生产的农村居民收入和城镇地区居民可支配收入的差距应该远远大于统计局数据所显示的2.72倍。

表2-1 中国历年国民生产总值、城镇居民可支配收入及农村人均年收入

年份	国民生产总值（亿元）	城镇居民人均可支配收入（元）	农民人均年收入（元）
1978	3678.7	343.4	133.6
1980	4587.6	477.6	191.3
1985	9123.6	739.1	397.6
1990	18923.3	1510.2	686.3
1995	60356.6	4283.0	1577.7

第二章 中等收入人群以及食品消费中的原产地效应

续表

年份	国民生产总值（亿元）	城镇居民人均可支配收入（元）	农民人均年收入（元）
2000	99061.1	6280.0	2253.4
2005	185998.9	10493.0	3254.9
2010	411265.2	19109.4	5919.0
2011	484753.2	21809.8	6977.3
2012	539116.5	24564.7	7916.6
2013	590422.4	26467.0	9429.6
2014	644791.1	28843.9	10488.9
2015	686449.6	31194.8	11421.7
2016	741140.4	33616.2	12363.4

资料来源：中国国家统计局（2018）。

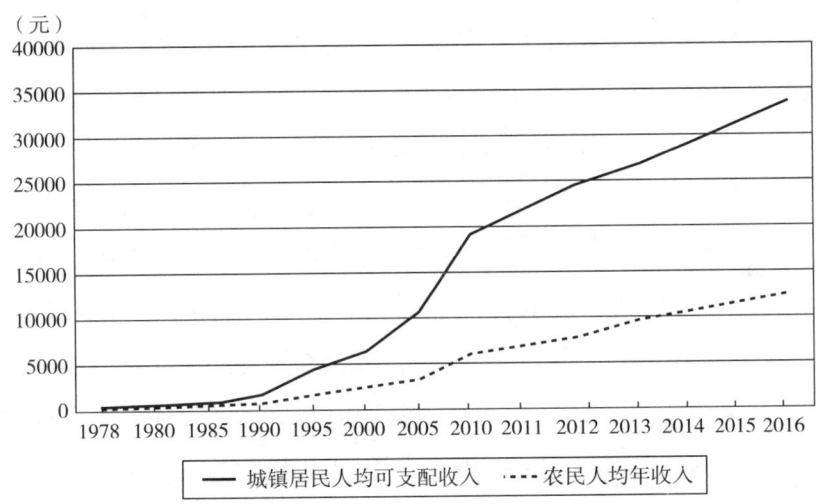

图2-1 1978~2016年城镇居民可支配收入和农村人均年收入差距

资料来源：中国国家统计局（2018）。

在中国的经济生活中，不仅是农村居民和城镇居民之间的收入差距在逐年拉大，而且城镇居民之间的收入差距也在逐年递增。2000~2012年，城镇中最贫困的10%的人群平均年可支配收入仅仅增长309.65%，从2653.02元增长到8215.09元。而同期城镇中最富有的10%的人群平均年可支配收入却增长479.48%，从13311.02元增长到63824.15元。自2012年后，中国国家统计局只报告城镇收入五等分人群的收入情况，最富有和最贫困的10%的人群状况不得而知。但是，五等分人群之间的收入差距也在逐年拉大。最低收入20%的人群平均年可支配收入从2000年的3132元增长到2016年的5528.7元，增长幅度为176.52%。最高收入20%的人群平均年可支配收入从2000年的11299.0元增长到2016年的59259.5元，增长幅度为524.47%。从各城市之间横向对比来看，不同城市间的收入差距也很大。2016年，中国城镇居民平均可支配收入为33616元。但对于北京市居民来说，他们当年的平均可支配收入为远高于平均值的52530元；而同年，相对贫困的安顺市居民却只有24885元的平均可支配收入。

农村和城镇居民收入差的扩大以及城镇居民之间收入差的扩大使我国基尼系数[①]稳步上升。我国国家统计局公布的2003~2016年，中国居民收入的基尼系数分别是0.479、0.473、0.485、0.487、0.484、0.491、0.490、0.481、0.477、0.474、0.473、0.469、0.462和0.465。对比The World Bank（2018）所公布的不完整数据库，如2011年印度基尼系数为0.352，南非为0.634，2012年韩国基尼系数为0.316，2013年美国基尼系数

---

① 基尼系数是由意大利经济学家基尼在20世纪初提出的，可用来衡量居民间收入差距的数值。如果社会中每个人的收入都一样，那么基尼系数为0；如果全社会的收入都集中于1个人，则基尼系数为1。一般认为基尼系数小于0.2时，居民收入十分平均，0.2~0.3时较为平均，0.3~0.4时比较合理，0.4~0.5时则差距过大，大于0.5时差距悬殊。

为 0.41，2014 年英国基尼系数为 0.341。我国基尼系数从世界范围来看处于偏高水平。但有些组织和学者依旧认为中国国家统计局公布的数据较实际情况为低。例如，西南财经大学中国家庭金融调查（2012）认为，2010 年中国家庭收入的基尼系数为 0.61。其中，城镇家庭内部的基尼系数为 0.56，农村家庭内部的基尼系数为 0.60。北京大学中国社会科学调查中心发布的《中国民生发展报告 2014》（谢宇等，2014）则指出，中国的财产不平等程度正在迅速升高。2002 年，我国财产的基尼系数为 0.55；2012 年，我国家庭净财产的基尼系数达到 0.73。这一数据意味着顶端 1% 的家庭占有全国 1/3 以上的财产，而底端 25% 的家庭拥有的财产总量仅在 1% 左右。虽然各个调研机构的统计口径不同，但所有数据都显示我国收入不平等的现象比较严重，且出现收入相对较高的人群。

这一收入较高的人群受到许多研究组织/人员的关注。除去收入金字塔顶端的少数人群（占总人口的 1%～5%），这部分较高收入人群一般被称为中国的"中产阶级"或"中等收入人群"，并被普遍认为是食品"消费革命"的主要驱动力（Banerjee & Duflo，2008；Elfick，2011；Bonnefond et al.，2015）。收入的增加不仅使他们的食品总支出增加，而且促使他们的食品消费模式发生改变，即更倾向于购买或消费"高品质"的进口食品或品牌食品。首先，与贫困人群相比，这部分较高收入人群在食物上的花费占他们总支出的百分比较低（较低的恩格尔系数）。故此，他们一般会选择品质更好或更知名品牌的食品进行消费，以至于他们的食品质量弹性普遍超过收入弹性（Matsuyama，2002；Zhang et al.，2008；Huang & Gale，2009）。换句话说，随着收入的增长，他们对食品数量的需求越来越低，而对于食品品质的要求则越来越高。完成从"吃饭是为了生存"到"吃饭是为了更好地享受生活"的转变后（Matsuyama，2002；Doctoroff，2005），他们更能享受食品所带来的令人愉悦的感觉而非关注食品数量。其次，在全球化的影响下，亚洲消费者经常将消费西方食品/进口食品/知名品牌食品作为一种身份和地位的象征，且与更好的生活方式相联系（Sklair，1994），中国消费者也不例外。实际上，消费特定品种的食品一直在中国社会中扮演着具有特定含义的角色。例如，在20世纪六七十年代消费牛奶，80年代消费进口水果，90年代消费品牌食品，都不仅仅表明一个家庭的富裕程度而且展示其社会地位。食品消费可以与个人成功及社会地位相连，因此就在一定程度上成为较高收入消费者"身份和地位"的象征（Denton & Xia，1995）。对于这些消费者来说，食品不仅仅是客观存在的消费品，而且展示了"一种生活方式"。就像Douglas 和 Isherwood（1980）所述，"消费的基本功能是在（社会中）展示（一定的）意义"。尽管许多受过高等教育的人士已经认识到过多消费西方食品可能会导致健康问题，但正在经历一个典型的西方化过程的中国消费者依旧沉迷于此种具有象征意义的"物质主义"（Popkin，2003；Curtis et al.，2007；Zhou，2010；Zhang et al.，2016）。再次，中国农药使用量的增加、农业生态系统的恶化和不时爆发的食品安全丑闻正在促使这些较高收入人群转而购买"高质量"的进口食品以代替可能存在问题的国产食品（Zhao et al.，2016）。随着中国农产品产量的增长，化肥和农药的用量也在逐渐加大。农村生态环境的恶化问题已经吸引很多中国消费者的目光。同时，层出不穷的食品丑闻（如三聚氰胺奶粉事件）也使这些消费者对国产食品品质产生忧虑。基于健康考虑，这些较高收入的消费者十分期望能够购买到高质量的食品。

第二章 中等收入人群以及食品消费中的原产地效应

而较高的收入也使这部分消费者有能力付出较高的价格去采购可能更加"安全"的进口食品。最后，食品产业整体结构的现代化也使较高收入群体能够方便地购买到"高品质"的食品。中国的食品供给在20世纪80年代前严重不足。购买者通常会被要求提供配给票据（粮票、油票、肉票和糖票等）以购买满足日常所需的食品（如稻米、油、肉和糖等）。直至1984年中国的粮食产量能够基本满足全国人民日常所需（400公斤/人）之后，凭票供应食品的情形才开始改观（Ash, 2006）。随着农产品产量的进一步增长，中国食品产业整体结构也开始发生变化。充足的供应、快捷的运输、复杂的分销体系以及渐渐私有化的零售业，已经使较高收入人群有条件任意选购他们所喜爱的食品，进而奠定他们饮食结构变化的基础（Veeck, 2003; Gale, 2006）。因此，很多学者（Kumara & Canhua, 2010）断言，持续增加的收入、消费习俗的惯性、恶化的生态环境和产业模式的转变会促进较高收入的消费者转变其食品消费模式，进而更多地购买或消费"高质量"的进口食品或品牌食品。就像亚洲食品和红酒大会的组织者Brendan Jennings所陈述的那样，"中国作为食品进口国的潜力是巨大的，并且随着中国中等收入人群的扩大，它将持续增长"（People's Daily Online, 2010）。

较高的收入、对于不安全农产品的担忧以及期望展示独有社会地位的想法使中国的较高收入群体成为进口食品的消费主力（Watts et al., 2005; Huang & Gale, 2009; Bonnefond et al., 2015）。但这一人群的定义以及规模却至今没有取得公认的口径。根据新华社（2007）的描述，收入水平在"年收入6万~50万元"的人群可以定义为中产阶级，其人数应该占全国人口总数的6.15%（8000万人）。Consumer News and Business Channel（CN-

BC）（2016）则采用"中等收入消费者"一词，并将其分为两组，即中低收入消费者（年收入 13650～70200 元[①]）和中高收入消费者（年收入 70200～208650 元）。并预计中高收入消费者的规模可能从 2015 年中国人口数的 7.1% 扩大到 2030 年的 19.7%。China-British Business Council（2014）沿用中等收入人群的说法，并认为此群体的年收入应该在 108330～325000 元。其进一步引用 Mintel 的数据称中等收入人群的收入在不同的城市会有所不同，例如"2013 年，中国中等收入消费者……在一线城市每月至少应该收入 8000 元人民币（800 英镑），而在二、三线城市每月至少应该收入 6000 元人民币（600 英镑）"，即一线城市中年收入至少为 96000 元人民币，而二、三线城市中年收入至少为 72000 元人民币的人群。Wang（2010）则用中产阶级的说法，认为其年收入应该在 65000～390000 元。根据购买力平价，McKinsey 公司的 Atsmon、Magni 和 Li（2012）也采用中产阶级的说法，声称 68% 的中国城市家庭（约 4.84 亿人）是中产阶级。但 Credit Suisse 所发布的《全球财富报告 2015》却称中国仅有 1.09 亿人是中产阶级，他们拥有 325000～3250000 元的财富。中等收入人群和中产阶级的不同提法和分歧较大的收入范围的界定使如何定义这一"较高收入群体"成为研究中国进口食品消费时的必要考量。

[①] 此处按照 1 美元兑换 6.5 元人民币计算。

二、中国中等收入人群

目前，学术界对中国较高收入人群的表述存在分歧。有人称为"中等收入群体"，有人却称为"中产阶级"，且两者之间的定义/差别也一直不甚明晰。故此，本书将就这两个概念进行剖析，并在此基础上对本书的目标人群——中等收入人群进行明确界定。

（一）中产阶级和中等收入人群的定义

20世纪80年代以来，中产阶级在发达资本主义国家中的衰落已经在很多经济学文献中被提及（Blackburn & Bloom，1985；Horrigan & Haugen，1988；Pressman，2007）。但这些文献以及最近针对发展中国家（特别是中国及印度）中产阶级的研究却在基本概念上还未有一致共识。根据不同的研究目的，研究者提出了不同的"中产阶级"概念，而这些概念的具体定义和描述上常常是矛盾的。

《牛津英语词典》（2018）指出，首次对"中产阶级"进行清晰表述的是Bradshaw（1745）。他提出，中产阶级是"在拉泰恩斯和弗里兹斯精心打扮的人群，而更富有的阶层则穿着十先令每码的布匹裁剪的衣物"。换句话说，Bradshaw所理解的中产阶级是处于贵族与农民之间的社会群体，主要是当时的资产阶级（商人或工厂主等），以及在城镇中新出现的一些社会人群（平民或市民）。而《牛津英语词典》中最终对中产阶级的定义则是"（处于）上层和下层（或工作阶层）之间的一类社会阶层或社会群体，通常包括专业人士和商业人士以及他们的家庭"。很明显，此定义极为含糊且并未提出任何可行性标准。中产阶级很难由此进行清晰界定。

更多的对中产阶级的定义来自社会学领域，很多学者倾向于使用比较复杂的社会以及经济指标来划分中产阶级。著名的社会学家和经济学家Weber（1978）就将社会阶层分为"a）整个工人阶级——自动化操作越发达则人数越多的一个阶层，b）小资产阶级，c）无产阶级的知识分子和专家（技术人员、各种白领雇员、公务员——他们成为这一阶层人士的可能性取决于培训成本，但他们之间可能存在相当大的社会差异），d）通过继承财产和得到教育而获得特权的阶层"。这一表述中的第三阶层（c阶层）被相当多的研究人员称为中产阶级，但这些学者之间也有分歧。例如Breen（2005）认为"拥有证书的工人"也是中产阶级。而另一位韦伯主义派社会学家Goldthorpe（1987）则将体力劳动者与非体力劳动者之间的区别作为最基本的标准来构建由三个阶层组成的工业资本主义社会结构。在这个结构中，基于职业分类与受雇佣状态的考量，政府公务人员被认为是中产阶级的上层，而服务人员、工人阶级以及下层非体力雇员和小业主则形成中产阶级的下层。还有一些社会学家根据韦伯的定义进行扩展，认为中产阶级是基于社会学而非经济学来进行划定的。中产阶级成员"接受良好的教育，有稳定的职业生涯，采用推理而不是暴力来解决争论"。由于中产阶级的态度和行为与其他阶层迥异，这些社会学家试图通过行为特征以及社会经济标准来共同衡量中产阶级。这种观点下的中产阶级是那些"已经达到一定教育水平，有稳定工作和一定社会地位，并且有一套特定价值观和态度的人"（Pressman，2007）。这些社会学家还认为，随着时间的变化，中产阶级的定义也会发生变化。例如美国社会学家 Mills（1951）指出，"从消极的意义上说，中产阶级的转变是从有产到无产的转变；而从积极的意义上说，则是从财产到新的分层轴线——职业的转变。老式中产阶级的本质能够从企业家们拥有的财产中获得最好的说明；而职业经济学和社会学则是新中产阶级本质的最佳注脚。老式中产阶级的人数下降是财产集中化的结果；新的工薪雇员人数的上升则是工业结构调整的结果，它导致了组成新中产阶级的各种职业的出现"。2011 年，在 BBC 的资助下，伦敦经济学院的 Savage 等基于社会经济学设计一种衡量阶级的新方法。他们不仅通过工作来定义阶级，而且更多考虑到人们拥有的各种经济、文化和社会资源/资本。他们指出，"英国的国家统计社会经济分类（NS-SEC）是基于 20 世纪 70 年代发展起来的社会阶层衡量标准——纳菲尔德阶层模式"。这些类别根据职业和就业情况将人们分为七大类，主要用来区分从事由"劳动合同"来雇用的全日制或非全日制职业人员和由"服务合同"来雇用的职业管理人员。然而，这种基于职业的阶层架构并没有"有效地捕捉到社会和文化在阶层划分中的作用"。于是他们进行了英国有史以来最大规模的社会阶层调查（161400 名网络调查对象以及具有代表性的全国抽样调查）。在对社会、文化和经济资本这些变量使用潜在类别分析的情况下，他们划分出英国现在社会中存在的七个阶层，其中包括两个中产阶层——已存在的中产阶层和技术中产阶层。已存在的中产阶层"经济资本高，平均交往地位高，文化资本富裕高"，而技术中产阶层"经济资本高，平均社会接触率非常高，但较少被报道"（Savage et al.，2013）。

总体来说，采用收入、职业以及其他社会特征等多标准来划分中产阶级的方法经常被社会学家采用。但由于标准的复杂性以及所涉及的社会因素较多，在具体研究和应用中经常会根据不同的研究目的而进行相应简化。

在相当长的时期中，中产阶级的界定和研究主要以社会学家为主，以社会结合经济特征来划分中产阶级。但现在越来越多的经济学家也开始对中产阶级进行研究，以剖析其在经济社会中的影响。因此，收入常常作为最重要的指标来划分中产阶级，即属于特定收入范围（或其他货币指标）的人被认定为中产阶级。在这种情形中，重要的问题是定义收入范围（或其他货币指标）的上限和下限。但和社会学家一样，经济学家也未能在这些方面达成共识。总体来看，有根据相对收入来定义中产阶级的方法，也有根据绝对收入来定义中产阶级的方法。首先，如果按照相对收入来定义，很多研究学者认为中产阶级即收入水平处于社会收入分配的中间部分的人群。实际上，大部分经济学实证研究都采用这种方法，认为中产阶级或是占据最中段收入20%的人群，或是占据中段收入60%的人群，或是收入在中位数左右的收入人群。例如，Thurow（1985）就将中产阶级定义为收入处于收入中位数75%~125%的家庭。Peichl等（2010）则认为中产阶级是收入高于家庭收入中位数的60%（贫困门槛）低于收入中位数的200%的人群。美国Pew研究中心（2015）发布的报告设定美国中产阶级收入标准是处于收入中位数的67%~200%的人群。获得诺贝尔奖的Robert Solow在Estache和Leipziger（2009）的书的封底中也曾指出"处于社会收入中段60%的中等收入人群就是中产阶级"（除去20%最高收入及20%最低收入的人群）。哪怕在非经济学书中，中产阶级也经常使用这种方法进行定义。例如

Slemrod（1996）提到，"国会（美国）预算办公室（CBO）使用一条经验法则，将处于中间收入的60%的群体定义为中产阶级"。其次，使用绝对收入（如购买力平价和贫困线等）来定义中产阶级的学者/组织也很多。因为购买力平价和贫困线对所有国家而言都是时间恒定的，所以涉及一些不发达国家/发展中国家的经济问题时，使用绝对收入比较易于进行国际间的比较研究。首先，The World Bank选取一组最贫穷国家的贫困线，采用购买力平价方法将它们换算成美元，通过计算得出平均值后将贫困线设定在每人日均收入1美元左右（1990年）。随之，人日均收入1美元以下就被定义为绝对贫困，1~2美元为相对贫困。基于这一标准，一些经济学家将经购买力平价调整后的日收入超过2美元的人设定为中产阶级/中等收入群体。2005年和2015年The World Bank分别两次提高贫困线标准，从人日均1美元提高到1.25美元和1.9美元，经济学家的中等收入标准线也随之提高。The Asian Development Bank（2010）指出："这份报告采用绝对收入的标准将中产阶级定义为2005年每人每天消费支出为2~20美元的人群。"但此报告同时也认为，定义中产阶级不是一件容易的事情。如此进行定义也是在考虑很多方面因素后的权衡决定。报告解释道，"由于本章的目的是估计亚洲发展中国家的中产阶级规模……它通常采用绝对值的方法。本报告中定义的中产阶级的2~20美元的收入范围实际上还分为三组。其中包括每人每天消费2~4美元的阶层——收入在这个水平上很容易回落到贫困状态，因其仅略高于Ravallion等（2009）使用的每人每天1.25美元的发展中国家贫困线。而'中等中等'阶层（4~10美元）的生活水平高于贫困水平并能够储存和消费非生活必需品。上等中产阶级每天消费10~20美元（大致相当于巴西和意大利的贫困线)。本章在分析中将使用各种数据来源以确定收入/消费的分布，并用之估算不同国家中产阶级的规模。"The Asian Development Bank 由此估算 2008 年 56% 的亚洲人口，即大约 19 亿亚洲人可以算作亚洲的中产阶级。而 Kharas（2017）也认为："中产阶级在我和其他许多人的研究中都被定义为按 2005 年购买力平价计算的人均日收入在 10~100 美元的人。这意味着由四个家庭成员组成的中产阶级家庭的年收入应为 14600~146000 美元。但考虑到通货膨胀，中产阶级家庭的收入范围现今应基于 2011 年购买力平价计算的人均日收入 11~110 美元。"其次，除了使用 The World Bank 的指标，也有学者采用以一国贫困线为基础的中产阶级定义，其基本思路是建立一个基于某国贫困线的中产阶级收入范围。例如，Burkhauser（1996）就认为中产阶级应该包括收入在其国家贫困线 2~5 倍的家庭。最后，还有采取相对和绝对收入相结合来定义中产阶级的方法。全球发展中心创始主席 Birdsal（2010）就采用相对收入和绝对收入相结合的定义来划分中产阶级。她指出，发展中国家的中产阶级不同于发达国家，有其特殊性。她将"2005 年的人均日收入等于或高于 10 美元（2005 年购买力平价），并且等于或低于本国收入分配的第 95 个百分点"的人群定义为中产阶级，并指出"这个定义高于一些绝对的全球性的门槛（10 美元），低于这个门槛，则在当今全球一体化经济中的任何社会中的人们都不足以称为中产阶级，而一些相对性的门槛（收入或消费的第 95 百分位）则保证超过此收入的人们至少在他们自己的社会里能够被称为富裕"。但这类根据收入来定义中产阶级的方法常常被诟病，其原因主要有两点：其一，如果采用相对收入来定义，这就意味着中产阶级的存在数量在某一社会中基本恒定且永远不会消亡，因为处于收入中间值的人群总是存在的，且按照收入中段（20%～60%）的方法来定义中产阶级意味着中产阶级的人数几乎恒定。其二，如果采用绝对收入或者绝对收入加相对收入的方法来定义中产阶级，潜在的假设就是中产阶级从贫穷结束的地方开始且上限难以准确划定。这一模糊的标准很难用来进行具体的经济学方面的实证调研。

除了社会学和经济学的方法，还有其他两种定义方法也在中产阶级的研究中较为常见。一种是主观询问法。Weir（2007）就用到过这种主观询问法。这是一种"要求他们（被调研者）自我定位所处社会等级的一种方法"，也是确定社会阶层时最具争议性和问题的方法，因为"其结果是询问每人自己构建的社会阶级形象"且这种自我意识中构建的想法经常会受外界影响而改变。故此，Weir（2007）也指出，不同时间调查同一个人，哪怕被调查者的职业和收入都未发生变化，也有可能会得到不同的结果/认知。另一种是基于管理学的角度，按照日常消费或者是财富拥有情况（私家车或者自有住宅等）来定义中产阶级的方法。例如，Pritchett 和 Spivack（2013）在他们给全球发展中心的报告《估计人口之间的收入/支出差异：旧恩格尔定律的新乐趣》中就基于食品支出在总支出中占比来定义中产阶级。家庭食物支出份额超过50%的总支出是低收入家庭，40%～50%为中低收入家庭，30%～40%则为中高收入家庭。Chauvel（2009）更将这种中产阶级定义扩展为"基于家庭的等价可支配收入——来自所有私人来源的家庭收入，加上公共转移，减去直接税和其他转移，除以家庭规模的平方根……这种中产阶级的定义是基于生活水平和消费能力，而不是基于职业的经济回报"。而财富总额在近年间也常常被用作衡量中产阶级的标准。2000年起，Credit Suisse

银行（2015）就每年推出《全球财富报告》。Credit Suisse 银行认为相比有可能因各种因素发生高低波动的收入，财产更能体现个人稳定和长期的生活状态且可抵御经济风险和通货膨胀。因此使用财富而非收入来定义中产阶级应该更加合适。它在 2017 年的第 8 版中指出，"扣除债务后，一个人只需要拥有 3582 美元财富便是世界上在 2017 年中最富有的一半人之一。拥有 76754 美元便成为全球最富有的 10% 的财富持有者。拥有 770368 美元则属于最高 1%"。因此，Credit Suisse 银行提出，中产阶级是拥有 10000～100000 美元财富的人群。但这种源于管理学角度的标准也是一种有争议的标准。例如，作为一种工作必需品的私家车是否应该看作中产阶级标志？很多国家和地区的农民在食品方面支出较少，他们是否也可以算作中产阶级？当汇率急剧变化时，以美元作为标准定义全球中产阶级是否合适？

综上所述，中产阶级的定义至今未达成共识，不同的定义方法争议也颇多。出于简化考虑，很多经济学家和国际组织更倾向于使用收入来定义中产阶级。这一情形促使"中等收入人群"这一概念产生。

由于很多学者特别是经济学家使用经济收入而非社会特征（如职业等）来定义中产阶级，有些学者就提出了中等收入人群这一更为"精准"的概念。因此，在很多文献中，中产阶级概念就开始和中等收入人群混用。在 Gornick 和 Jäntti（2013）的《收入不平等：经济差异和富裕国家的中产阶级》一书中就指出"在大多数情况下（本书很多章节），将中产阶级定义为收入在 20～80 百分位之间的家庭——换句话说，也就是中间 60% 人群……第二种是定义一个由家庭中位收入百分比所确定的区间……通常将中产阶级定义为那些收入在全国收入中位数的 75%～125% 之间的家庭……所以,我们(和许多作者)称之为'中产阶级'的人群能够被更准确地描述为'中等收入人群'——处在国家收入分配中间的家庭"。和定义中产阶级一样,这些中等收入群体的划分也采用相对收入和绝对收入两种方法。相对收入使用的方法也是经济学家用来划分中产阶级的方法,即收入处于中间收入的20%~60%的人群或是处于中位数一定百分比之间的家庭。澳大利亚政府在"家庭收入和财富"的统计报告中就明确指出,"中等收入家庭是指可支配家庭收入处于中间第三级的20%的家庭"。加拿大政府在其《1999~2012年收入分配中财富的变化》报告中也提到,"第四分位数的家庭占全部财富的23%,而中等收入的第三分位数家庭占全部财富的16%,第二分位数的家庭占全部财富的10%,而最低1/5的家庭则占全部财富的4%"。美国Pew研究中心(2015)则认为,"中等收入家庭是同等家庭规模条件下,收入为中位数的2/3至翻番的家庭"。Organisation for Economic Co-operation and Development(OECD,2016)发布的报告《受到挤压的经合组织和新兴国家的中产阶级——神话与现实》一文中也提到,"对于'中等收入者',一个常用的衡量标准是家庭收入在中位数的0.75~2倍"。但此报告也指出划分中等收入群体的标准有很多,如居民人均可支配收入。如人均可支配收入低于中位数50%为低收入群体,人均可支配收入为中位数50%~75%为中下收入群体,人均可支配收入为中位数75%~200%为中等收入群体,人均可支配收入为中位数200%~300%为中上等收入群体,以及人均可支配收入为中位数300%以上为高收入群体。而用绝对收入来划分中等收入群体的标准主要是购买力平价。这与经济学家划分中产阶级的标准也是一致的。The Asian Development Bank 就采用这一标准,Zhang 等(2012a)

在《中国农村中产阶级的崛起》一文中也沿用此标准。研究者"基于每人每日消费4~20美元的界限，发现2007年53.32%的中国农村家庭属于中产阶级"。当然，管理学角度中的财富也常常被用作划分中等收入人群的方法之一，但具体提法则有不同。例如，Credit Suisse（2017）依照所拥有的财富提出中等财富人群（Mid-range Wealth）的说法，并指出全球大约有11亿人口属于这一群体。

总体来看，社会学家和经济学家采用的中产阶级分类标准有较大区别。而简单地使用收入来划分中产阶级的方法则几乎等同于所谓的中等收入人群。但也应该注意到，中等收入人群不仅在划分方法上（绝对和相对收入）存在分歧，而且在具体的收入计算中（个人或家庭）也存在不同的意见。

（二）中国的中等收入人群

基于划分中等收入人群的各种方法，很多学者和组织试图估计和预测中国中等收入人群规模。例如，The Asian Development Bank（2010）根据日均消费支出2~20美元的标准，估计中国中等收入人群总数为全国总人口的62.68%（8亿多人口）。CBBC（2015）在《中国中等收入消费者》一文中也提到"……中国的中等收入消费者是其家庭可支配收入在6000~23000英镑之间的一年消费者……相信这些数字应该很快就会上升到每年收入10000~30000英镑之间"。由此，CBBC预计中国大约70%的城市家庭已经处于中等收入水平，即大约"1.75亿城市中等收入家庭"。McKinsey的研究人员（2013）则偏向于用购买力平价来划分中国的中等收入人群。他们提出的收入标准为每年60000~229000元人民币（购买力平价调整后为9000~34000美元）。而此购买力平价范围相当于"在巴西和意大利的平均收入"。2000年,仅有4%的中国城市家庭位列此范围内,但在2012年此数值达到68%。Barton等还进一步预测在2022年,此数值将为75%。2017年,艾瑞咨询公司发表的《2016年中国中等收入人群金融需求研究报告》中则将中等收入人群界定在月收入8000~50000元,亦即年收入96000~600000元,但未估算此一收入人群具体人数。2017年,Credit Suisse的报告则指出,中国财富在10000~100000美元的人群属于中等收入人群。虽然瑞信并未估算具体人数,但也提出"就总家庭财富而言,中国(中等收入人群总数)目前排在美国之后,处于日本之前""中国现在有200万名百万富翁,拥有5000万美元以上财富的居民比除美国以外的任何国家都多"。瑞信还指出中国成年人的中位财富数是26872美元,共计4200万中国人属于拥有全球财富最多的10%的人群。而中国国家统计局每年发布的统计年鉴则将城镇居民家庭按人均收入五等分后的"中间60%"计入中等收入家庭,如表2-2所示。

表2-2 2001~2016年中国总人口、中等收入群体、中低收入家庭、中等收入家庭、中高收入家庭和高收入家庭情况

年份	城镇地区总人口(万人)	中等收入群体人口总数(60%城镇总人口)(万人)①	中低收入家庭人均可支配收入(元)	中等收入家庭人均可支配收入(元)	中高收入家庭人均可支配收入(元)	高收入家庭人均可支配收入(元)
2001	48064	28838.4	4946.6	6366.2	8164.2	12662.6
2002	50212	30127.2	4932.0	6656.8	8869.5	15459.5

① 由于各收入群体的家庭平均人口数未知,故此为估计值。

续表

年份	城镇地区总人口（万人）	中等收入群体人口总数（60%城镇总人口）（万人）	中低收入家庭人均可支配收入（元）	中等收入家庭人均可支配收入（元）	中高收入家庭人均可支配收入（元）	高收入家庭人均可支配收入（元）
2003	52376	31425.6	5377.3	7278.8	9763.4	17471.8
2004	54283	32569.8	6024.1	8166.5	11050.9	20101.6
2005	56212	33727.2	6710.6	9190.1	12603.4	22902.3
2006	58288	34972.8	7554.2	10269.7	14049.2	25410.8
2007	60633	36379.8	8900.5	12042.2	16385.8	29478.9
2008	62403	37441.8	10195.6	13984.2	19254.1	34667.8
2009	64512	38707.2	11243.6	15399.9	21018.0	37433.9
2010	66978	40186.8	12702.1	17224.0	23188.9	41158.0
2011	69079	41447.4	14498.3	19544.9	26420.0	47021.0
2012	71182	42709.2	16761.4	22419.1	29831.7	51456.4
2013	73111	43866.6	17628.1	24172.9	32613.8	57762.1
2014	74916	44949.6	19650.5	26650.6	35631.2	61615.0
2015	77116	46269.6	21446.2	29105.2	38572.4	65082.2
2016	79298	47578.8	23054.9	31521.8	41805.6	70347.8

资料来源：中国国家统计局（2018）。

  以上这些组织和学者的划分标准和预测并不一致，有以个人收入为依据的，有以家庭人均收入为依据的，有以绝对收入为依据的，也有以相对收入为依据的。但是，这些标准中都存在一些问题。以中国国家统计局的家庭人均收入标准为例，如考虑城镇居民的平均工资这一数据，则其标准就很值得考量。举例来说，典型的中国城市家庭通常包括3个人，父母和小孩。2016年，如果父母双方在城镇中获得平均工资，即每人每年67569元，那么这个家庭的人均工资收入为45046元。由于国家统计局的数据显示工资性收入一般为家庭可支配收入的61.47%（平均值），这个家庭的人均收入理论上就应该是45046元除以61.47%，即为73281.28元。此家庭按照国家统计局的标准应该算作高收入家庭而非中等收入家庭。但这只是按照平均工资算出的城镇普通家庭收入。同时，采用国家统计局划分标准还存在其他缺陷。其一，国家统计局数据中并没有明确中间60%家庭的收入下限和上限。这可能造成无法准确判定一个家庭是否属于中等收入家庭的结果。其二，家庭规模分布在收入五等分的各个群体中并未披露，这可能会造成统计中潜在的偏差。譬如，国家统计局数字按照家庭为单位计算人均收入。如果20%低收入人群平均家庭人口数高于60%的中等和20%的高收入人群，那按此标准计算的中等收入人群总数就不等于中国总人口数的60%。故此，采用何种标准来对中国中等收入人群进行定义以进行消费行为方面的研究都值得仔细考量。

以家庭为单位来定义中等收入人群有一定的优点，但也存在一定的局限性。虽然以家庭来考虑的方法能更全面反映家庭总体消费水平（居住区域、家中设施和食物都由家庭成员共同分享），但如何得知家庭总收入在调研中是个挑战。家庭中各成员收入相互之间并不透明的状况会增加调查难度（可能需要对家庭中每个成员进行单独收入调查）。因此，出于实际调研考虑，以个人而非家庭为单位进行中等收入人群的定义并进行调研较为现实。以绝对还是相对收入来定义中等收入人群也是一个值得仔细考量的问题。相对收入的定义方法存在前文提到的许多局限性，特别是在中国权威数据较难取得且统计口径不明的情况下。因此，出于调研考量，绝对收入的定义方法较为现实。而根据绝对收入来定义中等收入人群就必须确定收入的上限和下限。在确定收入范围的过程中，还需注意中国城镇和农村之间居民收入"剪刀差"过大的问题（城镇居民人均收入为农村的2.72倍）。此情形导致许多组织（CBBC和McKinsey等）仅仅关注中国城镇地区研究中国中等收入人群（如果按城镇收入标准划分中等收入人群，就会发现农村中能达到这一收入水平的居民极少）。本书也将沿袭这一做法，以城镇居民收入而非全国居民收入为基准进行中等收入人群测算。

国家统计局（2015）曾基于国民收入进行测算，声称中等收入家庭收入应该在每年9万~45万元人民币（李培林，2017）。根据此提法，本书将中国中等收入家庭（全国平均每户2.97人）的人均可支配收入30303元作为下限，151515元作为上限来计算中国中等收入人群。由于不工作的儿童和长者也作为家庭成员计算进此区间之中，且家庭规模细节不同家庭各有不同，那么，一个就业者应该有多少收入来支持家庭中其他无收入成员以达到中等收入家庭的上下限呢？如果继续使用国家统计局数据，就用城镇总人口除以城镇就业人数，来描述每个就业者对家庭的贡献值（此值减1即为平均每个就业者承担的受扶养人人数）。将此值乘以人均可支配收入就能得到中等收入家庭中一个就业者理论上应该取得的年收入，如表2-3所示。2015年，此值应为57818.12~289090.62元。此值下限与城镇中等收入20%家庭的数据基本吻合[①]，故采用此下限有一定的数据支撑。但是中等收入人群的收入上限却值得仔细考量。经过计算，城镇最高收入10%的家庭中，一个就业者应该得到的平均年收入仅为168662元

[①] 2016年，中等收入20%家庭的人均可支配收入为31521.8元。如果每个就业者对家庭的贡献值为1.914，那么这个就业者收入就应该为60332.73元（31521.8元×1.914）。

（估值）。此数值远远低于统计局数字经过调整后的289090.62元。因此，基于Birdsall（2010）倾向于在较高基尼系数的发展中国家中将第95百分位的收入设定为中等收入人群上线的说法，以及OEDC（2016）指出的家庭可支配收入为中位数300%的家庭才可以被称为高收入家庭，考虑到本调查在2017年进行，将家庭中就业人员的收入在6万~18万元的群体定义为中等收入群体应该较为符合中国现状。结合国家统计局数据，这个群体应该主要分布在中国城镇家庭的可支配收入的第50到第95百分位。现期人口约为3.5亿。如果按照前10年的城镇化发展速度预测，此数值在2026年可能达到4.5亿。

表2-3　2001~2016年中等收入家庭中一个就业者应取得的年收入

年份	45%城镇总人口（基于未知家庭人口数分布的估计值）（千人）	城镇总人口除以就业人数	就业人员在城镇中等收入20%家庭中的平均收入（元）	就业人员在城镇中高收入20%家庭中的平均收入（元）	就业人员在城镇高20%收入家庭中的平均收入（元）	就业人员在城镇中最高10%收入家庭中的平均收入（元）
2001	216288	1.992	12684	16267	25230	30325
2002	225954	1.996	13286	17702	30854	40332
2003	235692	1.997	14534	19496	34888	46893
2004	244274	1.989	16242	21979	39980	54707
2005	252954	1.980	18197	24956	45348	61852
2006	262296	1.967	20203	27638	49988	68526
2007	272849	1.959	23589	32098	57745	78393
2008	280814	1.944	27183	37426	67389	92181
2009	290304	1.936	29814	40691	72472	99413
2010	301401	1.931	33258	44776	79473	108972
2011	310856	1.923	37594	50818	90443	123987
2012	320319	1.919	43012	57234	98721	134063

续表

年份	45%城镇总人口（基于未知家庭人口数分布的估计值）（千人）	城镇总人口数除以就业人数	就业人员在城镇中等收入20%家庭中的平均收入（元）	就业人员在城镇中高收入20%家庭中的平均收入（元）	就业人员在城镇高20%收入家庭中的平均收入（元）	就业人员在城镇中最高10%收入家庭中的平均收入（元）
2013	329000	1.912	46216	62354	110435	149971（est.）
2014	337122	1.906	50790	67905	117424	159462（est.）
2015	347022	1.908	55542	73609	124199	168662（est.）
2016	356841	1.914	60336	80021	134654	182978（est.）

资料来源：中国国家统计局（2018）。

三、食品消费中的原产地效应

（一）原产地

当前国际上已经有数个多边条约来保护产品的原产地标识。其中三个主要的国际协议为1883年的《保护工业产权巴黎公约》、1891年的《制止虚假和欺骗性商品产地标志马德里协定》以及1958年的《保护原产地名称及其国际注册的里斯本协定》。这些条约都存在与产地相关的定义，如"货品来源标记"和"原产地名称"。1883年的《保护工业产权巴黎公约》和1891年的《制止虚假和欺骗性商品产地标志马德里协定》保护的是"货品来源标记",但这两个多边协议却都没有明确"货品来源标记"的含义。只是在《制止虚假和欺骗性商品产地标志马德里协定》中第一条第一款提及"凡带有虚假或欺骗性标记的商品,其标记系将本协定所适用的国家之一或其中一国的某地直接或间接地标作原产国或原产地,上述各国应在进口时予以扣押"。据 World Intellectual Property Organization（WIPO）的定义,"货品来源标记"实际上指"任何表现或标记,用来指示一件产品或服务来源于一个国家、地区或一个特定地点"（WIPO,1998）。1958 年的《保护原产地名称及其国际注册的里斯本协定》则保护"原产地名称"。其第二条所定义的"原产地名称"为"原产地名称系指一个国家、地区或地方的地理名称,用于指示一项产品来源于该地,其质量或特征完全或主要取决于地理环境,包括自然和人为因素"。很明显,此"原产地名称"的定义较"货品来源标记"更为严格,因为其不仅标识物品的产地而且涉及特定的"质量或特征"。

（二）食品质量与市场信息

世界食品产业特别是发达国家的食品产业,在很大程度上被大加工商和大零售商通过关于品质的约定所控制（Goodman & Watts,1997）。生产者被要求按照一定的标准进行生产以便其产品能够进入世界市场中售卖。各项标准最小化了产地影响,提高了生产率,降低了市场价格并最终生产出"工业化的农产品"（Storper & Salais,1997）。作为"一个单向的从田间流向餐桌的转移工具",工业化食品生产网络过分关注经济利益而忽视了消费者的市场需求。但是,生产本身已经越来越受到消费者的需求影响（Murdoch et al.,2000）。Appadurai（1996）就指出,"消费的小习惯,特别是每日的饮食习惯,在大尺度的消费模式中扮演了一个很重要的角色"。根据现代营销理论,消费者而非生产者是市场的推动力(Kotler & Keller,2006)。Murdoch 等(2000)也因此总结道,消费者在现代食品产业中扮演着越来越具有主动性且十分重要的角色。基于强大的购买力,消费者的质量需求已经吸引生产者的注意力。Blaylock 等(1999)和 Chryssochoidis(2000)就描述了过去 10 年中影响粮食需求的因素,如现代消费者的消费心理、社会和文化因素的变化等,所带来的粮食生产方面的变化。Rosa(2006)更强调需要将消费者心理价值观纳入相应的生产考量中。消费者对产品要求的多样化越来越受到生产者的关注。

　　一般来说,为了评估产品质量,消费者需要获得有关产品质量特征的信息。这些信息以质量线索的形式传递给消费者。这些线索可以是内在的(Intrinsic Cues),也可以是外在的(Extrinsic Cues)(Olson & Jacoby,1972)。内在线索与产品的物理形状有关(如颜色、形状、外观等),是产品本身所固有的客观产品属性;而外在线索虽与产品相关但实际上并非它必不可少的一部分,如品牌、质量印记、原产地、购买地、包装、生产信息等,它是可以在不影响产品/服务的客观性质的情况下进行改变的产品特征。对于消费者来说,线索常常是质量的指示指标。其重要性取决于其预测价值和置信度(Richardson et al.,1994;Becker,2000)。预测价值是线索能够"预测"质量的程度,而置信度则是指消费者对线索能准确判断产品质量的能力的信心程度。因此,有些研究者将质量线索进行另一种区分,即经验性质量属性(Experience Quality Attributes)和信任性质量属性(Credence Quality Attributes)。经验性的质量属性是指能根据产品消费的实际经验/过去经验对产品的属性和质量之间的联系进行判断的属性。例如消费者可能根据其经验认为紫色的酒比绿色的甜。紫色在此就是一个经验性的质量属性。而信任性的质量属性却是即使在消费后也难以用来判断质量的属性。这种信任性属性的例子可以是汽车的耐用性、香烟的危害性以及投资的财务安全性等。信任性的质量属性是一个关于信用的问题。虽然内在线索和经验性质量属性通常比外在线索以及信任性质量属性有更高的预测价值，但由于内在线索和经验性质量属性要直到消费时才能被判断（Zeithaml，1988），这就增加了消费者在购买时对外在线索和信任性质量属性的依赖。换句话说，由于市场和产品复杂性的增加，消费者越来越重视不可进行直观判定的外在线索和信任性质量属性以应对其在安全、健康和便利等方面的需求。当感知风险水平越高时，外在线索和信任性质量属性对消费者来说就越重要（Hansen，2005；Lawley et al.，2012）。同时，一些研究也发现对产品较为熟悉（或更多经验）的消费者比对产品不熟悉度的消费者更多地使用内在线索和经验性质量属性来判定产品质量（Bredahl，2004）。总体来说，消费者习惯于对不同的质量属性进行分类和整合，以推断产品的质量。即使面对相同的产品线索，不同的消费者也可能对其进行不同的分类和整合来感知产品质量。这使产品质量成为一个主观的、多维的且多变的概念（Harrington，1994；Issanchou，1996；Anwander & Badertscher，2001）。

当消费者对某种产品不太熟悉或者当消费者只有限的信息可供参考时，外在线索被认为会对消费者的质量评估和支付意愿产生极大的影响（Becker，2000）。例如，虽然不饱和脂肪含量较高的人造黄油因其潜在的降低胆固醇的能力而被认为是对健康有益的，但这是一种长期影响，消费者无法进行衡量。由于人造黄油的营养价值和对健康的影响难以直接体验，消费者常常会依赖于其他人的判断或信息（价格高低等）来做出购买决策。这使这一结合不饱和脂肪含量的健康概念就成为一种典型的信用质量属性。质量成为不能在购买时进行评估且消费时也无法感知的纯信任维度。质量和消费决策演变成间接的对外在线索的信任问题。从营销的角度来看，这种外在质量线索的存在和传递就变得非常有趣。这使生产者和营销人员可以在不需要修改实物产品的情况下进行市场操纵。如果消费者认为这些外部线索能够指明所寻求的信任性质量属性，那这些外部线索就将在市场上发挥重要作用。市场上这些外在线索一般包括价格、品牌、购买/消费场合、生产方法、质量认证、生产国家/地区和营养信息等。但这些外部线索只有在以某种形式传达给消费者并被接受时才能作为有用的质量提示。举例来说，虽然一些关于鳕鱼的研究未能揭示消费者在野生和养殖鳕鱼之间的感官差异（Kole et al.，2009），且消费者可能实际上在外观、味道和纤维等方面更偏好养殖鳕鱼（Luten et al.，2002），但很多消费者主观上认为野生鱼类质量较好且愿意为其付出高价（Brunsø et al.，2009）。因此，当外在线索被标明且被消费者信任时，采用不同方式生长的鱼类就能在市场上以不同的价格被售卖。

  对外在线索研究得最多的是价格。虽然价格对质量感知的影响仍然不明确，但如果没有其他信息可用，并且需要判断两种类似食品的质量，那么价格较高的产品一般被认为具有高质量。这种判断基于消费者的普遍认知，即产品特性中存在着"天然"的属性，高质量的产品更昂贵，低质量的产品更便宜。但也有很多研究在调查消费者如何评估价格和质量的联系时，即什么决定何时、何地以及为什么价格会影响购买过程和支付意愿，得出了不同的结论。Dickson 和 Sawer（1990）在购买商品后 30 秒内调查了购物者对货品价格的回忆。他们发现多达 53% 的人无法回忆他们刚刚选择的产品的价格。这表明，对于超过一半的被调查消费者来说，价格无关紧要。这一结果是惊人的，因为价格往往被认为是消费者在购买日用产品时使用的最重要的信息类型之一。为了更全面地探讨这个问题，Jensen（2001）在丹麦的两个大型超市中进行了一项关于消费者价格选择模式的调查。研究中包括 8 个食品类别——咖啡、香肠、黑麦面包、果汁、谷物、大米、红干和人造黄油。购物者在选择特定食品后即被联系以进行价格记忆测试和价格识别测试。研究结果发现，价格对于消费者来说并不是客观存在的。消费者在价格和质量之间的权衡是基于以前的经验（参考价格），亦即消费者认为该产品应该具有的价格而非实际价格。除了价格，品牌也是研究得最多的外部线索之一（Bredahl，2004）。Bowbrick（1992）提到，品牌提供了关于特定生产商、原产地或零售商的信息，并因此影响消费者的质量判定，特别是在质量风险判定方面（Grunert，2005；Krystallis & Arvanitoyannis，2006）。Grunert 等（2004）的研究也表明，品牌为卖家提供了一种用来表示产品质量并诱导消费者支付高价的手段，即使产品本身并没有任何区别。当然，品牌对于消费者的作用也受情境的影响。Banovic 等（2012）就指出，品牌影响在消费者对产品不太熟悉时更强，而对产品高度熟悉的消费者则更多地依赖于内在质量线索。无论熟悉还是不熟悉相关产品，消费者都会使用品牌来评估产品质量。这一事实反映了品牌的长期积极效应，而且表明品牌会让那些想要销售特定质量指标难以评估的产品的生产商受益。即使品牌形象可能会导致感知质量发生变化，但品牌的塑造却是一个漫长而昂贵的过程。

在食品消费中，原产地信息与品牌作用类似（Josiassen，2010；Srinivasan et al.，2004）。消费者常常使用原产地标签作为预估产品质量和简化购买决策的重要外部线索（Agrawal & Kamakura，1999）。在过去的30年中，很多学者进行了此方面的调查。

（三）食品消费中的原产地效应

相关文献表明，消费者对食品质量的认知因人口和社会经济因素而异。例如，Nielsen 等（1998）指出了文化对食物质量感知的影响。Lockie（2002）、McEachern 和 McClean（2002）展示了性别对食物质量感知的影响。Roitner-Schobesberger 等（2008）发现消费者的年龄、受教育水平和收入对食品安全感知有显著影响。Foster 和 Padel（2005）进一步强调在分析食品质量认知时不能忽视在消费者家庭中作为非直接购买者的儿童的影响。Korzen 和 Lassen（2010）则描述了个人消费习惯，例如购买、食品准备和饮食行为对肉类质量感知的影响。Angulo 和 Gil（2007）提到人口的社会学因素（感知风险的水平、风险态度、原产国/原产地的好感程度、食品安全事件曝光前的购买行为和个人健康价值感知）对食品安全感知影响较大（Miles & Scaife，2003）。虽然影响消费者食品质量感知的因素很多，原产地标签却是公认的不可忽视的重要外部线索之一。实际上，随着全球贸易的发展，原产地信息对消费者认知的影响自20世纪80年代以来就受到广泛的关注（Bilkey & Nes，1982；Peterson & Jolibert，1995；Al-Sulaiti & Baker，1998）。研究人员认为，原产地不仅关系到消费者对产品生产地点的认知，还是一种与一个国家/地区的人民、产品和文化等紧密关联的品牌资产。这一关联在很大程度上会影响消费者的购买选择（Hoffman，2000；Grunert，2005；

Lusk et al., 2006；Loureiro & Umberger, 2007；Beriain et al., 2009；Brunsø et al., 2009；Aiello et al., 2009；Kumara & Canhua, 2010）。

理论上，对于消费者来说，食品质量是各种内在和外在线索的集合。随着消费者食品需求愈加复杂和动态，各类线索在营销系统中发挥着越来越重要的作用（McCluskey & Loureiro, 2003）。而原产地标签就是其中一个重要的外在线索。一般来说，消费者购买进口食品是因为认为这些产品与国内的替代品相比具有独特或更优越的属性。这种属性可以是信用属性（如食品安全等），也可以是内在属性（如口感等）。信用属性一般没有合适的手段来进行验证，但基于不同国家的生产标准不同，原产地标签通常被认为是与信用属性关联的重要线索。因此，Verlegh 和 Steenkamp（1999）指出，原产地信息主要作为食品质量认知的信任线索而存在（Bloemer et al., 2009），特别是当消费者对食品安全方面缺乏足够的认识时。Loureiro 和 Umberger（2007）也指出，"美国认证"一般被认为与更高的食品安全标准相关，因此基于额外的食品安全保证而被消费者所偏爱。Hoffman（2000）证明，瑞典消费者认为原产国标签是关于各国生产标准的重要质量线索提示，特别是在动物福利和抗生素含量等方面。Lee 等（2014）也发现，中国消费者更喜欢进口的健康饮料，因为进口食品被认为具有内在质量特性（口感等）和信任性质量特性（食品安全等）的双重保证。Roosen 等（2001）和 Hu 等（2012）还发现，在食品安全方面，消费者对原产地标签所赋予的价值/支付意愿高于私人品牌。

值得注意的是，原产地标签在食品消费行为中可能存在两方面的影响。首先是对产品总体评价的影响（Han & Terpstra,

1988)。Kaynak 和 Kara（2002）指出，一个国家的社会经济和技术发展水平在影响消费者认知方面发挥着重要作用，特别是当消费者对产品认知度/熟悉度较低时（Nes & Bilkey，1993；Kaynak et al.，2000；Kaynak & Kara，2002；Loureiro & Umberger，2005）。Kaynak 等（2000）也发现，无论产品类别为何，发展中国家的消费者通常更喜欢发达国家的产品，而低收入国家的产品通常被认为质量也较低（Nes & Bilkey，1993）。一方面，产品原产国的经济发展水平与产品质量感知之间存在着一定关联。基于这一逻辑，Lee 等（2014）指出，"在中国具有积极的原产国形象的国家当然具有进入市场的优势"。另一方面，原产地标签也是一种品牌资产，与一个国家历史、文化和自然环境密切相关（Hoffman，2000；Grunert，2005；Lusk et al.，2006；Loureiro & Umberger，2007；Beriain et al.，2009；Brunsø et al.，2009；Aiello et al.，2009；Kumara & Canhua，2010）。Cordell（1991）就发现消费者喜欢来自文化相似/偏爱国家的产品。Meat 和 Livestock Corporation（2016）的报告也表明，中国消费者偏好澳大利亚产牛肉产品而不是美国产牛肉，因为澳大利亚的生产者成功地通过促销活动将澳大利亚牛肉与"清洁和绿色"联系起来并被消费者接收。

当然，原产地标签在市场上的作用还受其他因素的影响。首先，原产地标签对消费者感知的影响程度在不同产品类别以及不同产品属性中影响程度不尽相同（Chryssochoidis et al.，2007；Chung et al.，2009；Loureiro & Umberger，2007；Scarpa et al.，2010）。Roth 和 Romeo（1992）就基于原产地偏好与原产国的文化、经济和政治观念之间的关系设计一个理论框架。他们发现，消费者对某国特定产品的评估基于产品和国家之间的信息匹配。

原产地效应只在原产国标签与消费者认为的重要的产品属性一致时发挥作用。Juric 和 Worsley（1998）也指出，原产地标签可能在一个属性（如法国红酒的口味）上有正面影响，但在另一个属性方面（如法国红酒的安全性）并无影响。其次，原产地标签对产品选择的影响程度还受其他信息的影响。例如，Grunert（2005）和 Northen（2000）的研究就表明，消费者对于原产国标签的偏好与他们对食品质量的理解密切相关。消费者还可能由于自身因素的影响而对原产国标签的信任程度不一。例如，Gurhan-Canli 和 Maheswaran（2000）认为，原产地信息的有效性取决于消费者在采购中的参与程度。消费者积极参与购买过程的动机越少，利用原产地信息推断质量的可能性就越大。Veale 和 Quester（2009）的研究也证明，当没有有效存在的具体而可靠的信息且消费者的个人相关知识有限时，他们越有可能依赖原产国标签来形成他们对于食品安全性的判断。Peterson 和 Burbidge（2012）还发现，消费者的民族主义对带有原产国标签的产品的购买意向有一定影响。

　　显然，原产国标签在不同情况下会以不同方式影响消费者对食品质量的判断。特别是近 20 年来，人们越来越意识到食品购买中存在着风险（食品安全等）时，原产国标签已成为食品研究中的一个突出主题。但在大多数研究中，消费者都展现出对当地而非进口食品的偏好。一些欧洲和美国的研究结果表明，消费者更喜欢本国的肉类。例如，Alfnes（2004）和 Lim 等（2013）发现，美国消费者更喜欢购买本国产牛排而非进口牛排。Umberger 等（2009）也发现，美国消费者将美国产标签的重要性排在相关的进口食品安全检验检疫检查之前。当消费者在更熟悉的本地食品和不熟悉的进口食品之间进行选择时，因为缺乏对进口食品的了解。本地食品而非进口食品更有可能被选择（Marette et al.，2008）。Darby 等（2008）和 Froehlich 等（2009）的研究也表明，"本地"或"当地种植"的标签会影响消费者的食品支付意愿。一般来说，本地产食物被认为更安全、新鲜、对环境友好（包装材料的最低限度使用）（Forsmanhe & Paananen，2004），符合本地消费者的质量要求（Arnoult et al.，2007；Guerrero et al.，2009；Ittersum et al.，2003；Visser et al.，2013）。这些研究的结论为食品企业的营销活动和政府的政策出台提供了指导作用。有很多国家和地区（如欧盟）已经开始实施强制使用性原产国标签来保护本国产品，促使本国/本地消费者为本国/本地原产食品支付溢价（Gao & Schroeder，2009）。此措施看起来相当成功。Orth 等（2005）就指出基于新世界政府（如美国、澳大利亚和新西兰等）对产地因素有效的营销，新世界所产红酒的市场价格弹性有所降低。但中国消费者似乎与外国消费者不同。在一系列食品安全事件发生之后，中国消费者更愿意相信国外发达国家/地区（如美国和欧盟等）具有更高的食品安全标准，并因此更愿意为进口食品标签而非本国原产食品支付溢价（Ortega et al.，2011，2012；Zhang et al.，2012b）。

四、本章小结

前人的研究表明，中等收入人群及原产地效应难以被简单定义，其必须在一定情形下进行分析。故此，为了明晰中国消费者购买进口食品的背后机理，本章详细阐述并预测了理论上进口食品的大量购买人群、中等收入人群的概念和规模。并且，在回顾不同研究者对原产地效应的看法后，两个主要的原产地效应也被一一剖析。

但文献回顾也发现，对由于目前大部分针对原产国标签的研究都是在西方国家进行的，系统地研究其对中国消费者食品消费的影响机制在当今中国进口食品数量和金额激增的情况下还未发现。鉴于中外消费者在市场上的表现并不一致，针对中国消费者进口食品感知和支付意愿的研究具有一定的现实意义。而结论也相信将有助于政府及相关生产者/进口商更好地了解中国的进口食品消费激增的背后机理，并因此制定相应的政策/营销策略，以发挥有益的市场引导作用。

第三章
感 知

一、感知的定义

人类通过接收感官刺激并将其处理成具有特定含义的信息来了解世界。一般而言,消费者总是希望有机会收集来自不同来源的刺激/线索以评估产品质量,使购买效用能够最大化(Verbeke & Vackier, 2004)。但并不是每个消费者都可以接触并使用所有的信息。他们可能会因为不同的原因而依赖某些特定来源的信息,例如信息来自所信任的人(Frewer et al., 1996)或者来自会给予他们更多社会交往支持的人(Warner & Procaccino, 2004)等。同时,对于消费者而言,感知不仅受感官输入信息的影响,而且这些信息之间还会交互影响以形成最终感知。因此,感知是一个受消费者主观感觉和认知影响的一个非常主观且总是在变化的过程(Troy & Kerry, 2010)。

第三章 感 知

由于感知在很大程度上影响消费者的购买行为，许多研究人员都致力于探索这一纷繁复杂的感知形成过程（Zeithaml，1988；Sanchez-Fernandez & Iniesta-Bonillo，2007）。有些研究者提出，感知是一个复杂的认知过程（Steenkamp，1990；Matlin，2009），而且这个过程可以通过使用主要元素（如不同类型线索/信息）的概念集合的形式来呈现。删除一些细节并简化复杂的过程能更好地理解感知。也有些研究者认为，感知是一个从意识到行动的过程。其模型可以分为数层，消费者在每层都以特定的方式来处理信息以识别周围的世界/特定的产品（Becker，2000）。还有一些学者认为，所有的知觉都涉及神经系统中的信号，而这些信号又是由感觉器官受到物理或化学的刺激引起的（Goldstein，2009）。但感知并不是被动接受这些信号，而是在学习、记忆、期望和关注的影响下主动接收信号的过程（Bernstein，2010）。感知涉及这些"自上而下"效应以及处理感官输入的"自下而上"的过程。"自下而上"处理信息/线索用于构建更高级别的信息（用于对象识别）。而"自上而下"的过程是指影响感知的概念和期望以促使消费者对某些信号产生关注。这意味着消费者对产品的感知是在信息被选择、被分类和被解释的过程中形成的（Hoffman et al.，2005；Mullins et al.，2005；Keast，2009；Schiffman & Kanuk，2010）。一般来说，选择和组织传入的信息/线索/刺激发生得非常快——有时候没有多少有意识的思考的参与，但解读却是感知过程中最有意识的一步，是消费者表达和理解信息/线索/刺激的主观过程（Goldstein，2009）。信息/线索/刺激被处理后，消费者总是将它们叠加到自己的生活中并赋予其意义。对信息的解释因此是非常主观的，也就是说，不同个体可以得出关于完全相同刺激的不同结论。这个过程为被称为感知模式/感知系统的心理结构赋予了意义。研究者提出感知模型就像用来解释新体验的存储相关信息的数据库。消费者各自拥有相当复杂的模式,以便将小的信息单元结合在一起,从而使信息能够表达更有意义的含义。

研究者不仅对于感知模型的形式有较大分歧,而且对许多基本概念如质量、成本/价格和价值的定义也并不一致。首先,质量被认为是对生产者客观存在的但对消费者却取决于主观判断的。在主观判断的质量领域,存在两种不同看法。一种认为"质量就是一个产品具有的所有期望属性的集合";另一种则认为质量即所期望的特定属性,它可能包括"连消费者都认为不属于产品质量方面的属性"(Grunert,2005),如购买的便利性等。此外,成本/价格也被认为有两种含义。一种是质量的指示指标(高价格暗示着高质量),而另一种则被认为是独立的外部线索与消费者的"价值/效用"判定相联系(是否物有所值)(Grunert,2005)。此外,"价值"(Value)一词在不同情况下也被认为存在不同的含义。它在一些研究中被描述为标准或比较性的判断(Johnson et al.,2006),指的是相对于竞争产品的投入(Cost)和产出(Output)。但这种定义并没有被所有人接受。由于顾客并不总是理性的且不可能免费获取制定完美决策所需的所有信息,进行理性的比较性判断对于普通消费者来说并不现实。因此,在另一些研究中,价值则被认为是与有限理性和情感相关的经验(Kelleher & Helkkula,2010)。消费者寻求的价值是基于客观特性的主观经验判断(还受制于判断所发生的情境)(Holbrook,1994)。但这种价值定义至今还未在主观和客观之间建立可量化的取舍联系(Trade-off),因此很难用来预测消费者的行为。

所有这些分歧都限制关于消费者感知的研究进展,并使两个感知研究方向得以出现。一个侧重于分析感知形成过程(Steenkamp，1990；Ophuis & Van Trijp，1995；Becker，2000；Grunet，2005；Peri，2006；Fernqvist & Ekelund，2014），另一个则试图基于定量建模方法来评估各种因素对感知/消费决策的影响（Banovic et al.，2009；Boatto et al.，2016）。这些研究显示除了产品线索外（内在和外在线索），消费者特征（遗传、年龄群体、性别、生理和心理状态等）以及社会环境（家庭和文化习惯、宗教、文化、教育、时尚等）等因素在感知方面的影响也不可忽略（Shepherd 1989；Shepherd & Sparks，1994）。例如，Lee等（2014）发现教育会影响消费者的绿色食品消费意愿，受过较高教育的消费者更倾向于购买绿色食品。且中国消费者主要从电视、报纸、过往经验和亲友处获得有关食品安全的信息，而对杂志、专业书籍和互联网的使用较少。随着环境保护和动物福利意识的提高，Luo（2010）还发现消费者对与此相关的产品的支付意愿也在上升。此外，家庭规模和构成也是影响消费者感知的重要社会文化因素（Zhang & Han，2009）。有婴幼儿的家庭对食品安全有更多的了解，并且更倾向于购买更安全的食品（Ma & Qin，2009）。职业也是影响消费者行为的另一个社会文化因素。Li（2007b）总结到，从事研究、教育、文化、医疗保健、饮食业、金融、保险、房地产和服务业的消费者更倾向于购买绿色食品。Burton等（2001）、Loureiro和Umberger（2007）探讨了消费者的个人和社会特征对食物偏好的影响。Gracia等（2009）、Lim等（2013）引入年龄、性别、收入等来衡量消费者特征对产品感知和选择的影响。

　　总而言之，消费者感知是在一个十分主观的过程中形成的。不同的消费者基于相同的信息/线索/刺激所形成的产品感知也不尽相同。相关研究在过去几十年中一直试图对感知进行剖析，但至今研究者还未对感知的影响因素以及形成过程有全面且一致的看法。

二、食品质量感知模型

在食品领域的消费者感知研究中，研究者倾向于使用"质量感知模型"来解释消费者感知形成的过程。20世纪80年代开始，学者就试图使用"质量"（一个产品具有的所有期望属性的集合）一词来探讨生产者和消费者之间对于产品看法/要求的差距。Morgan（1985）认识到市场中存在的"质量认知差距"，并指出消费者的感知质量对生产者而言至关重要。Steenkamp（1990）在回顾相关的社会和心理学研究后，基于感知形成的三个子过程提出一个质量感知模型——线索获得和分类、对质量属性信念形成和整合各类质量属性信念并形成感知。虽然此模型指出质量感知的形成是一个连续的过程，并区分出经验属性和信任属性，但个人和情境对感知的影响在模型中却有所缺失。换句话说，这个模型是个"自下而上"的单边模型，忽略了个人因素在线索选择时的影响。造成的直接后果就是，虽然消费者感知质量可以和价格一起在模型中被纳入边际价值概念以模拟消费者决策，但关于消费者如何衡量边际价值在模型中尚未明确，并因此难以基于模型进行相关的量化研究。Ophuis 和 Van Trijp（1995）试图在 Steenkamp（1990）的基础上说明消费者的主观感知质量和生产者客观质量指标之间的区别和联系，以研讨"消费者感知的质量可以如何使用来开发产品"的问题。他们给出了内在和外在质量线索、经验属性以及信任属性的详尽列表,然而却依旧未对购买情境和个人特征等因素在质量感知中的影响做出解释。为了更好地理解个人和情境对食物感知的影响并解释各线索/属性之间的相互关系,Grunert 等(1996)提出了一个全面食品质量模型,该模型根据两个时间维度类别(购买前和购买后)对质量感知进行了详细分析,并加入了一些垂直方向的线索,"它们涉及消费者如何从各种信号或线索推断质量,以及消费者如何通过将食品与人类行为的基本动机联系起来,找出食品的哪些属性是值得注意的"(Grunert,2005),以更好地解释感知形成过程。基于方法目的链理论,该模型指出感知的形成源于"生命价值(例如,负责任、保护你的家庭和享受生活中的乐趣和兴奋等)的引导",从而很好地解释了感知的双向形成过程。然而,与以往的模型不同,成本/价格从质量感知模型中部分移出(不归入内在或外在线索)以用来解释消费者决策(与效用最大化相关),并且信任属性被简单地包括在外部质量线索的类别中(经验属性归入购买后这个大时间维度之中)。自 20 世纪 90 年代以来,当食品健康和安全问题吸引越来越多的消费者关注时,研究者发现需要充分理解消费者认知形成过程中起作用的信任属性。于是,Becker(2000)提出了一种新的感知模型。他认为食品的质量感知是通过三个阶段形成的,并且被"置信度"(Confidence Value)和"预测价值"(Predictive Value)所调节。在他的模型中,线索是供需双方之间交换信息的方式。如果信息线索被消费者信任,它们就成为用来预测食品质量的基础并最终形成质量感知。然而,"预测价值"是如何在不同的消费者之间/消费情境下调节信任属性并最终形成不同的质量感知过程却并未在模型中予以详述。实际上，由于"消费者之间存在差异"，消费者自身价值观在感知形成过程中的影响不可被忽视。消费者购买产品不仅期望得到物质上的满足，而且期望贴合自身的价值观。就像 Rokeach（1979）、Schwartz 和 Bilsky（1987）提出的那样，一个人可能对不同的产品持有数千种态度，但这些只会源自少数价值观。价值观是人类行为最抽象的动机。而这方面讨论的缺乏就成为 Becker（2000）的很大缺陷。

20 世纪 90 年代至 21 世纪初，还有许多不同的感知模型被提出（Poulsen et al., 1996；Hoffman, 2000；Bernués et al., 2003），以解释市场中的消费者质量认知差异。基于这些模型，研究者完成了大量研究（Teas & Agarwal, 2000；Acebroa & Dopico, 2000；Riordan et al., 2002；Anderson et al., 2006），以明晰各种质量属性/线索对食物质量感知的影响。然而，Peri（2006）批评了所有这些被他称为"还原论"的方法，因为这些研究总是关注于某些质量属性/线索，而消费者的食品质量感知其实涉及"我们所检查的所有方面/属性/线索"。因此，他试图从消费者的角度而不是市场上的质量属性/线索出发来建立一个食品质量模型，以解释各因素是如何相互影响以促使消费者形成质量感知的。他指出市场上消费者对产品的要求可以归纳为 13 个方面，并试图找出合适的研究方法以支持他的融和模型。由于消费者的多样性和不同情境下存在的动态质量要求，感知最终被他描述为一种"感官科学"而断定难以进行全面了解。基于和 Peri（2006）类似的观点，Köster（2009）也不赞成关注某些属性/线索的"还原论"的研究方法。他认为通过孤立的单因素研究来逐个解读各因素之间的交互式整合过程在感知研究中是不可接受的。但是，由于缺乏详细的相关研究来阐明感知研究中的机制和因素之间的相互作用，他也未能提出任何有效的基于演绎主义的感知模型。

无论哪种模型，都明确指出食品感知是两种不同类型因素互动的结果，一种是质量属性/线索，另一种是消费者的个人倾向/偏好（如期望、以往的经历、文化、收入等）（Schiffman & Kanuk，2014）。因此，在过去的10年里，为了探索各种背景下的食品质量感知，研究人员从权变的角度进行了大量研究。例如，Schwartz（1992）提出，食品安全的重要性可能随着年龄的增长而增加。Dosman等（2001）则坚信，与没有孩子的人相比，有孩子的人可能更关心食品安全。Korzen和Lassen（2010）在分析丹麦消费者对肉类的感知时，发现日常购买情况和肉类生产环境对质量感知的影响不容忽视。因此，肉类的质量感知在丹麦因环境而异。Gracia等（2014）指出，如果鸡蛋强调本地生产（Loca）这一概念，那么和有机鸡蛋相比，价格因素在西班牙消费者决策中的影响就会降低。这一结果与Roitner-Schobesberger等（2008）的研究不同。他们发现，健康、时尚和品位是支持曼谷消费者采购活动的主要动机。因此，泰国消费者更喜欢购买带有"安全"属性的食品，例如有机标签等。Fernqvist和Ekelund（2014）回顾了信任属性/线索对消费者食品质量感知的影响，提出了享乐主义食品消费研究中需要注意的七条信任线索。Chamhuri和Batt（2015）认为，与新鲜水果和蔬菜相比，购买新鲜肉类时的价格对质量感知的影响并不大。Mascarello等（2015）则分析影响意大利消费者食品质量感知的社会人口因素，提出生活地区和年龄是影响感知的关键因素。

很明显，消费者食品质量感知形成过程中影响因素/线索/属性很多。这使许多研究人员不得不一一研究不同国家消费者在不同情境下对不同种类食品的质量感知。但是，近十年来，在中国快速扩张的进口食品市场中,相关的感知研究却不多见。绝大多数与进口食品/原产地标签相关的研究都采用还原论方法进行支付意愿研究(Ehmkea et al.,2008;Agnoli et al.,2014;Lee et al.,2015;Ortega et al.,2016;Wu et al.,2017;Lai et al.,2018)而不是探索中国消费者选择进口食品的背后动机。

三、中国食品消费者质量感知研究

Peri(2006)认为,消费者的食品质量感知是一种"感官科学"。同一产品在不同的情形下对不同消费者来说,其质量感知并不一致。虽然西方已有相关研究人员做过此方面的研究(Bitzios et al.,2011;Naspetti & Zanoli,2009;Sorenson & Henchion,2011),但不同于西方的文化和社会背景以及缺乏公认的食品质量感知模型限制了中国进口食品领域相关的研究进展。例如,一些发达国家的消费者对动物福利高度关注,但这可能并不是中国消费者普遍关心的问题。于是,中国消费者食品质量感知的研究结果就可能会与西方研究产生差异。Ortega 等(2016)和 Hasimu 等(2017)也提到只有少数中国城市消费者意识到环境保护的重要性。这种情形可能促进他们购买"无化学品添加"或"有机"或"绿色"的食品,但不涉及道德方面,如公平贸易和动物福利等(Sirieix et al.,2011;Loebnitz & Aschemann-Witzel,2016)。而西方消费者则主要将有机标签与环境、社会、政治和伦理方面联系起来,并受到与食品健康相关的价值观的驱动来形成食品质量感知（Follett，2009；Loebnitz & Aschemann-Witzel，2016）。Lee 等（2014）的研究结论也表明，中国酒类消费者受四种价值观的影响，即安全、享乐主义、仁爱和自我导向，进行酒类质量的评判。而这与西方酒类购买者不尽相同。例如，Fotopoulos 等（2003）对红酒的消费行为进行分析，结果显示，健康、质量、信息、吸引力和良好口味是希腊消费者购买红酒的五大主要动机。研究还发现，消费者对不同食品质量信息/线索的重视程度也会随着时间和社会经济情况的发展而有所变化。例如，随着中国人均收入的持续上升，消费者食品支出占总支出的比例在逐渐下降（Curtis et al.，2007）。当今中国很多消费者都愿意为符合他们特殊要求（如健康和安全）的食品支付溢价，低价食品则一般被认为是质量低劣的（Lee et al.，2014）。这与早期的研究发现十分不同（早期中国消费者被视为对价格敏感的购买者）（Gale & Huang，2007；Lee et al.，2015；Loebnitz & Aschemann-Witzel，2016）。总体来看，过去10年的中国食品消费研究中大部分只关注食品安全或消费者的支付意愿（Ortega et al.，2011；Lee et al.，2014；Loebnitz & Aschemann-Witzel，2016；Ortega et al.，2016；Hasimu et al.，2017），全面研究中国消费者进口食品消费背后机制的研究并不多见。

当然，也有少量相关研究涉及消费者的进口食品感知背后的机制问题。但主要是关注食品安全价值方面。对于西方消费者来说，安全价值是指"社会、关系和自我的安全、和谐和稳定"（Schwartz，1992）。但对中国食品消费者来说，安全价值似乎只与食品健康和食品安全有关。而且在评估食品健康和食品安全的线索/属性方面，中国消费者也表现出与西方消费者不同的偏好。一般来说，食品健康和安全属性即使在购买/消费之后也很难进行准确评估。因此,外部信息/线索常常被重点关注以形成对食品健康和安全方面的感知(Mørkbak et al.,2010)。从这个意义上来说,食品健康和食品安全已经成为一个对相关信息/线索的"信心和信任"问题(Grunert et al.,2004)。由于中国食品加工和餐饮企业往往忽视食品卫生和食品安全方面的要求,中国消费者对本土食品生产体系的信心较低。与美国和欧盟等相对严格的法律体系不同,旨在确保食品安全的相关法律似乎至今未能帮助中国消费者树立对国产食品的信心(Zhu et al.,2013;Zhao et al.,2016)。而与政府相比,很多私营公司和民间的社会组织也渴望建立公众对其产品的信任(Zhang et al.,2016)。相比于西方消费者,中国消费者对市场参与者,尤其是民间社会组织的信任度也要低得多(Ortega et al.,2011;Hasimu et al.,2017)。Yeung和Yee(2010)指出,当食品安全问题出现时,各种标签会被使用以增强消费者信心。然而,中国消费者对本国民营企业的信任度却并不高(Grunert et al.,2011)。这些企业被认为首要考虑企业的利润而非其他,如社会责任等。对于一些小公司而言更是如此,因为它们更换商标、品牌和厂名的成本极低(Sun & Collins,2013;Wang et al.,2009;Lee et al.,2014)。

四、本章小结

总体来看,相比西方消费者,中国消费者对进口食品的偏好及选择机制方面的研究尚处于起步阶段。因此,本书将试图通过对中国消费者进口食品质量感知形成过程的剖析以及对相应线索/属性的支付意愿来分析进口食品在中国市场上快速增长的原因，并以此为基础全面了解进口食品的优劣势，以便相关生产者和企业制定有效的营销策略，促进相应国内食品生产政策的制定。

第四章
质化与量化研究：方法目的链和离散模型

定量研究的方法在食品消费研究中比较常见。但这种方法在提供丰富的统计信息的同时，也造成对选择动机/影响机制研究的忽视（Prescott, 1998; Prescott et al., 2002; Ortega et al., 2016）。因此，本书试图通过构建中国消费者对进口食品的感知模型来明了影响消费者选择进口食品的机制/动机，并在此基础上总结消费者较常使用的内在/外在线索和经验/信任属性，以进一步探索消费者对进口食品的支付意愿。

一、研究范式及理论框架

所有的研究都基于一个假设：是什么构成"有效"的研究。为了找到一个合适的研究方法，所有的研究者都必须先了解这一假设然后选择一个答案来进行后续研究。

社会学者进行研究的基础是他们的本体论和认识论。只有

第四章　质化与量化研究：方法目的链和离散模型

在确认这两项之后，具体的研究方法才能有逻辑地被选择。Blaikie（2000）定义本体论为"假设和确认什么构成了社会的真实，什么是存在，什么是感觉，什么构成了个体以及这些个体如何作用于彼此。换句话说，本体论假设的重点放在我们相信什么构成了社会的真实"。Snape 和 Spencer（2003）则指出，本体论是研究者关于"什么是社会的真实以及我们如何认识世界的真实"的想法。换句话说，一个研究者的本体论是他/她关于"社会是否能够脱离人的意识及诠释而真实存在，是否存在一个公认的社会真实或只是在一定环境下具体的事实，以及是否社会行为被不变的/广义的'规范'所左右"的答案。只有在这些问题被回答之后，社会研究学者才能讨论关注于"解释知识的本质"的认识论，以便于回答"如何能够获得知识"和"我们如何能够认识真实以及什么构成了我们所谓的知识"等问题（Blaikie，2000）。在社会学的研究中，基于研究的本体论和认识论，Orlikowski 和 Baroudi（1991）提出了三个研究范式，即实证主义，诠释主义和批判主义。Guba 和 Lincoln（2005）则认为存在四个研究范式，即实证主义、后实证主义、批判主义和结构主义。Denzin 和 Lincoln（2005）的看法则略有不同，他们划分出另外四个研究范式，即实证主义和后实证主义、结构主义和诠释主义、批判主义，以及女性主义和解构主义。在这些分歧中，有三个范式几乎被所有研究者肯定，即实证主义、诠释主义和批判主义。

实证主义相信"真实世界"存在于我们的认知之外。观察者能够观察到各类社会现象之间"真实"和"客观"的联系（Sarantakos，2005；Myers，1997）。这些真实独立于研究者和他们所采用的工具，并能够被客观的，可衡量的标准描述。实证主义者试图通过假设和量化分析来解释社会现象产生的原因,希望发现社会规律以便于做出预测(Smith,1996;Sarantakos,2005)。但是由于实证主义的目标(解释、预测和控制)缺乏对社会的理解(Guba & Lincoln,2005),难以对社会现象进行完美的分析。例如,那么所有社会财富的产生都依赖于人类的投入。如果目标是生产高质量产品,那么所有的生产参与者都必须朝着这个目标努力。对于实证主义者来说,鉴于个体的行为能像机械上的螺丝钉被完全控制(实证主义的目标之一),高质量的产品就能够被统一生产。但这一情形在真实世界中是不可能存在的。因此,社会学研究中,实证主义经常被用来检测理论,以便于增加对可预测的社会现象的理解(Myers,1997)。

在实证主义强调解释和预测社会现象时,诠释主义则期望能够理解社会现象以及对于社会个体来说某些具体行为的意义。诠释主义者拒绝相信有超越人类认识的"真实"世界的存在,并相信"真实"不独立于观测者。社会现象是完全基于个人投入而形成的社会构建(Sarantakos,2005)。换句话说,世界不能独立于人类主观理解而被观察和测量(Burrell & Morgan,1979)。由于社会现象仅仅存在于行动者和观测者的认知中,诠释主义就不求分辨独立或非独立变量但求理解社会现象以及其对于各人群的意义(Kaplan & Maxwell,1994)。量化研究方法因此被诠释主义者所摒弃。相应地,质化研究方法被认为更适合于取得对社会结构深层次的理解和分析不同的陈述是如何构建"真实的"社会现象(Moore,2010)。

批判主义也构建于"非实证主义"基础之上。批判主义研究者假设"社会的真实是历史构成的。而历史是由人类创造并被人类再创作的"(Myers,1997)。基于历史的真实主义和相互作用的认识论，批判主义相信人类活动能够改变他们的社会和经济现状，但其能力也被社会习俗和政治环境所约束（Guba & Lincoln，2005）。批判主义的研究关注于当代社会的对立、冲突以及矛盾，并期望在所有领域降低控制、增加自由度。由于批判主义试图解释情境并提出建议来改变人类"被奴役"的现状，研究者更关注研究的结果是否能解放人民/解决问题而非获取知识。换句话说，批判主义的研究目的是利用研究结果改变社会现状。而这一目的使批判主义可以采用量化亦可采用质化研究方法（Sarantakos，2005）。

由于本书的首要目的是了解消费者购买进口食品的背后机理，诠释主义应该更适合本书这个研究目的。但鉴于不同的研究者对于如何诠释社会现象仍有分歧，一些诠释主义分支因此出现。Burrell 和 Morgan（1979）提出了四个基于诠释主义的分支，即唯我论、现象学、现象社会学和解释学。Schwandt（2000）则认为有三个分支的存在，即社会建构主义、解释学和诠释学。社会建构主义者相信"在实践中有没有客观现实也没有客观真理"。真实是构建在"一定文化和历史情境下的个人解释和认知"（Sarantakos，2005）。换句话说，人们所感知的并不是"真实"事件，而是基于他们的经验和解释所构建的"真实"。由于这里并没有所谓的"真实"，研究者所能做的就是再次构建真实。这一哲学思想因此期望"重新构建对社会的理解"（Denzin & Lincoln，2005）。研究者不是寻求知识而是重新构建知识体系。由于研究者期望重新构建对真实世界的理解而不是真实的世界本身，其研究结果就经常会被个人观点所左右以致变成个人对社会事件的理解（Denscombe，2002）。与社会建构主义者不同，解释学者期望基于一个理论框架，在关注情境因素及原有目的的基础上解释社会现象。他们认为，只有通过全面了解社会现象产生的情境基础才能更好地在当地错综复杂的关系中解释社会现象（Patton，2002）。传统的解释学者通常会将故事、法规和《圣经》等文字性内容放置在成文时的历史和习俗条件下解释这些文字的内在含义（Kneller，1984）。而在现代社会中，他们不仅研究文字，而且研究所有与人类思想相关的行为、产品、组织等在一定社会习俗条件下的表现。总而言之，解释主义要求研究者去理解其他个体的观点，并把研究重点放在一定情境下人类行为的含义和目的上。诠释主义试图"在一定的社会习俗和历史条件下诠释社会生活"（Crotty，1998），并期望在摒弃研究者主观想法的基础上来"建构社会状况和日常运行模式，并以此作为基础解释个体的看法和意见。其研究重点放在呈现社会结构上"（Sarantakos，2005）。一方面，诠释学和解释学很相像。它们都相信需要在一定的情境下才能完全理解人类的社会行为。另一方面，由于行为的意义依然要依靠研究者的解释才能得以呈现，基于不同研究人员的不同解释方法，诠释学和解释学的区别就出现了。对于诠释学者来说，他们相信研究者的自身偏见能够在研究的过程中被避免，故而对现实真实的描述能够通过研究被呈现。但解释学者认为，研究者不能把他们自己从研究中摘离出来（Patton，2002），所以不存在不带个人偏见的研究结果。诠释主义者关注解释和理解"首先，行动者采取行动的原因；其次，行动者构建他们生活的方法以及各个行为的隐含含义；最后，社会行为发生的社会情境"（Sarantakos，2005）。

同时，也应注意到本书的第二个研究目的是了解消费者对于进口食品的支付意愿。一般来说，在社会学研究领域使用的两个研究方法分别是量化研究方法和质化研究方法。质化研究方法则试图构建知识（Stake，2005）。基于语言和非数字化的数据对人类行为的意义进行解释。而量化研究方法被定义为"一个研究社会事件、理解他们及他们中间联系的方法。由此，普遍性的因果定律就能够被发现、解释和记录（其目的是使社会事件发生的时间和后果能被预测甚至被控制）"。它常常使用一系列样本来测试假设。因此，案例分析法就在本书中被采用。但案例分析法有多种形式。Stake（2005）就曾提出三种案例分析法：①单一且深入的案例分析法。这一方法试图研究单一的案例以得出相应结论。②工具性的案例分析法。这一方法试图通过单一的案例来洞察一个一般性的问题或证明/完善理论。③集合性的案例分析法。采用这一方法的研究者对于单一的案例不感兴趣。他们期望通过多个案例的分析来研究一个特定的社会问题/现象/条件/群体。前两种案例分析法只针对单一案例，这就使结论的可信度偏低。基于一个案例并假设同类案例都能够不证自明是不可取的（Hamel et al.，1993；Yin，2009）。如果研究者希望理解一个具有普遍性的现象，他们应该做的是选择多个案例进行研究（Stake，2005）。越多的案例被研究，越可靠的结论可能被得出。就像Tellis（1997）解释的那样，首先通过对每个案例的细节进行描述；其次在案例分析中对研究主题——阐述，接着围绕主题进行跨案例分析；最后在诠释章节总结调查结果和跨案例分析结论，对多个案例进行分析的方法就能够提供对某些社会现象的全局性理解，而结论也能通过几个案例中标明的重复性细节使人信服。由于本书试图分析一个具有普遍性的话题——中国进口食品市场，根据前人的研究，进行多个案例的分析应该有助于得出更具有普遍性的、可信性的结论。在选择集合性的案例分析法之后，随之而来的问题就是要用多少个案例进行分析。Tellis

(1997)和 Venn 等（2006）都指出，集合性的案例分析法通常使用不超过 3 个案例进行分析。Yin（2009）也认为，如果在调研正式开展前，研究者预测到案例可能会得出相似的结论，那么进行 2~3 个案例的研究就是合适的。因此，3 个案例将在本书中被采用。

二、质化研究

（一）方法目的链

研究的目的决定首先进行的是定性的探索性研究。而调查消费者食品感知的定性研究常常使用两种方法，即阶梯调查法（Laddering）和词语联想法（Word Association）。Guerrero 等（2010）就曾使用词语联想法在欧洲 6 个地区研究消费者对传统食品的质量感知。Verbeke 和 Vackier（2005）采用阶梯调查法来调查比利时的消费者和生产者对肉品质量感知的异同。Roininen、Arvola 和 Lähteenmäki（2006）则综合采用这两种方法来调查消费者对贴有本地产（Local）标签的食品的看法/感知。对于一般消费者来说，他们自己也很难明了/阐述选择某种产品的心理原因/动机，词语联想法就成为心理学中探索感知时常常使用的方法。作为一种收集消费者信息的有效且快速的方法，其主要优点是能够通过探索背后选择某种/类产品的动机来了解消费者的感知。它比使用直接询问的方法能更好地把握受访者的情感和潜意识（Szalay & Deese，1978）。但缺陷是它提供的结果一般分散且难以进行系统解释。与词语联想法相比，阶梯调查法更为常用（Olson，1989；Grunert & Grunert，1995；Nielsen et al.，1998；Jaeger & MacFie，2000；Valette-Florence et al.，2000；Grunert et al.，2001；Miles & Frewer，2001；Fotopoulus et al.，2003；Russell et al.，2004）。此方法耗费时间较长且需要更多的分析，但能够系统地提供关于质量属性/线索与选择机制/影响动机之间的关系。Roininen、Arvola 和 Lähteenmäki（2006）的调查明确指出，词语联想法在调查消费者时能够带来有关消费结果/后果的信息量少于阶梯访谈法，而且关于质量属性/线索和消费结果/后果之间的联系，只能通过阶梯调查法获得。由于本次定性研究的目的是了解中国消费者选择进口食品的背后机制，以明了吸引消费者的内在/外在线索和经验/信任属性，以便为进一步的定量研究提供支持，阶梯调查法明显更加合适。过去的许多相关研究都成功地通过阶梯调查法揭示了食品消费中的消费者偏好和购买动机问题。例如，Krystallis 和 Ness（2004）采用阶梯调查法取得数据后总结道，高质量、健康/安全、美味、方便和伦理意识是高收入消费者选择食品时的主要动机，即使消费者对食品的感知相当复杂且其动机可能因产品类别而异。Makatouni（2002）、Zanoli 和 Naspetti（2002）则采用阶梯调查法发现消费者个人及家庭健康是选择有机食品最重要的动机。消费者希望获得质量高的、美味且营养的产品来取得快乐和幸福，而有关环境和动物福利的价值观则是次要的。Urala 和 Lahteenmaki（2007）试图揭示功能性食品采购背后的动机。通过阶梯调查法他们发现，熟悉的产品、价格、包装和感官特性被认为是功能性食品的最重要属性。而保持健康、家庭安全、经济平衡、轻松生活、成为更好的人和长寿是驱使被调查者采购功能性食品的主要动机。

阶梯调查法基于方法目的链理论（Means End Chain，MEC）发展而来。此理论以心理学家（Tohnan，1932）和经济学家（Abbott，1955）的工作为基础，被 Gutman（1982）首先用于市场营销和消费者研究领域，并被一些研究学者（Grunert et al.，2001）坚信，既是从20世纪80年代以来消费者研究中最有实用价值的研究理论。方法目的链理论假定与消费有关的认知结构具有不同的抽象层次，它将产品属性/线索（手段）与自我相关的结果/后果联系起来，并最终与个人价值观（目的）相联系而成为一个等级链（Fotopoulos et al.，2003）。在这个理论中，线索/属性的价值取决于消费者认为能够带来的使用利益（后果），这最终与个人目标价值相吻合。也就是说，消费者对产品线索/属性本身并不感兴趣，而是对产品能够为他们提供的利益有兴趣，即对产品线索/属性相关的功能（社会和心理后果）能够帮助他们实现何种个人价值感兴趣。这一理论在揭示促使消费者偏爱某些购买选择的原因/动机的同时也解决了感知模型中的"单边"问题（Pieters et al.，1995；Walker & Olson，1991）。举例来说，消费者对奶酪的脂肪含量（产品属性）感兴趣，因为他们认为这与奶酪的口感（后果）有关，这将决定他们在吃东西时是否能够得到享受（个人价值）。当然，对于某些消费者来说，脂肪含量也可能与健康（后果）有关，这会决定他们是否能够拥有健康幸福的生活（个人价值）。在方法目的链理论中，虽然价值观是指导消费者感知并做出相应购买决策的最高抽象标准（Vinson et al.，1977），但了解与这些价值观相联系的潜在产品线索/属性和结果/后果也很重要。从理论上讲，方法目的链理论中的三个层级

(属性/线索、结果、价值)根据抽象程度排序相互连接,意味着较低层级(属性/线索)是获得较高层级(价值)的手段。当然,在对心理图像进行分析的过程中,也有研究者将每个基本的层级再次划分的情况。例如,Walker 和 Olson(1991)就提出了一个六级的方法价值链。三个较低层级(具体属性、抽象属性和功能后果)构成消费者的产品认知,而三个较高层级(心理社会后果、工具性价值和终端价值)构成消费者的自我认识。[①] Lopez-Mosquera 和 Sanchez(2011)则将六个层级定义为有形产品属性、无形产品属性、功能性后果、社会/心理后果、工具性价值和终端价值。也有研究人员将六个层级简化为五个甚至四个级别。例如,Bagozzi 等(2002)和 Chernatony(2001)将三个层级中的结果分为两类——直接利益/抽象吸引力、情感回报/心理社会后果,而形成四层级的方法目的链。虽然划分方法不尽相同,但层级的数量在研究中还需关注,因为较少的级别可能会使后果和价值相混淆,而更多级别可能会削弱属性和后果以及价值之间的联系,使感知结构不甚明晰。因此,基于 Mostovicz 和 Kakabadse(2009)的建议以及 Bagozzi 等(2002)和 Chernatony(2001)成功的研究经验,本书将采用四个层级来进行消费者感知的构建。

方法目的链理论的层级结构对阶梯调查法中可能出现的具体问题有决定性的影响。最初的阶梯调查法是深入的一对一的访问技术,用来理解消费者是如何将产品属性和个人价值联系起来的

[①] 具体属性是消费者需要或追求的产品,服务或性能的属性或特性。抽象属性是指在消费产品之前无法检查的,因此必须从内部或外部线索中推断的属性。功能性后果是消费者可以从产品或服务属性的消费中直接获得的实际利益。心理社会后果则是更私人的、社会的和更难以明确的好处。工具性价值表示达到理想状态的行为模式。最后,终端价值表示最终的理想状态。

过程（Reynolds & Gutman，1988）。但这种方法近年已出现分支并进一步发展成两种类型的调研方法——软阶梯访谈法和硬阶梯调查法（Grunert & Grunert，1995；Barrena & Sanchez，2012；Chamhuri & Batt，2013）。软阶梯访谈法利用个人面对面的访谈来定性地揭示消费者是如何将产品属性和个人价值相联系的（Leppard et al.，2004）。消费者可以自由表达他们的想法和感受，从而产生一个可供调研者使用的"阶梯问题"，例如"这个为什么对你很重要"或者"如果缺少这个将对你造成什么影响"等。通过这种自由对话，受访者会透露可以进行追踪的感知层次结构，进而确定属性与后果以及个人价值之间的联结。这种技术的优点是可以直接探查与消费者感知密切相关的结果，表明各个抽象层次之间丰富的联系（Olson，1989；Botschen & Hemetsberger，1998；Russell et al.，2004）；缺点是昂贵、耗时、可能存在人为设置的答案[①]、对结果的分析过于简单和分析数据时可能存在不可避免的偏见/错误解读。因此，采用此种方法需要调研者具有高水平的专业知识（Veludo-de-Oliveira et al.，2006）。同时，由于每个受访者总是提供多个方法目的链条，如果采访的样本很大，产品属性和后果以及个人价值之间的链接数量将成倍增加，这将导致调研结果十分复杂且难以分析和理解。如果因此减少被访谈人员，结果则可能不足以代表大多数消费者的看法。因此，一些研究人员提出应该通过问卷的形式来获得信息。而这种使用调查问卷的技术则被称为"硬阶梯调查法"。硬阶梯调查法是一种可以量化构建方法目的链且易于应用的技术。因为调查时间很

---

① 重复的问题可能会使采访变得单调乏味。受访者在按照阶梯结构回答时可能会失去耐心，进而按照他们认为调查者想要的答案来回答问题（Woodruff & Gardial，1996）。

短，受访者感觉到的压力也相对较小（Hofstede et al.，1998；Botschen & Hemetsberger，1998；Russell et al.，2004）。一般来讲，硬阶梯调查法只允许受访者选择非常有限的产品属性、后果和价值（如 3 个最重要的产品属性与相应后果和价值）来进行研究（Russell et al.，2004）。为了克服这个限制，Hofstede 等（1998）提出一种"关联模式技术"（APT）。与传统的软阶梯访谈法不同，消费者完整的方法目的链被分成属性和结果矩阵（AC）和结果与个人价值矩阵（CV）[①]，其中被访谈者被要求分别指出哪个连接（AC 或 CV）存在重要关联（Lee et al.，2014）。最终的调查结果是一组二进制数据。数据分析通常基于对数线性回归模型来完成，该模型展示特定属性与结果相关的可能性以及结果与个人价值相关的可能性（Hofstede et al.，1998；Vriens & Hofstede，2000）。作为一种定量方法，采用这种方法的样本数量一般认为应超过 50 人（Gutman & Alden，1985）。但这种技术也存在很大缺陷，因为提供的先验名单会提醒被调查者潜在的选择，而非挖掘他们潜意识的/直觉的选择。这使可能存在的却未被调研者提及的重要链接有丢失的可能。而且，在软阶梯访谈法中通常会出现的广泛的个体差异也可能无法被这种方法检测到（Baddeley，1997；Russell et al.，2004）。因此，硬阶梯调查法是否会得到与软梯访谈法相似的结果吸引了一些研究人员的关注。Botschen 和 Thelen（1998）通过允许受访者选择最多三个重要的产品属性来完成硬阶梯调查法。在此阶段，受访者不允许就一个产品属性建立一个以上的链接。随后，被访谈者又接受软梯访谈法的调研，他们可以自由谈论所有对他们来说与产品属性

[①] 事先定义的产品属性和结果分别在矩阵的行和列中列出。

相联系的重要后果和价值。研究发现,两种方法在识别相关属性和产品后果方面产生了类似的结果。Russell 等(2004)也比较了两种调研方法(采用 APT 的纸笔和计算机化方法)。结论表明,软阶梯访谈法会产生更复杂的结果,并且不同方法产生的结果之间几乎没有重合。Phillip 和 Reynolds(2009)进一步指出,研究人员在研究类似的问题时使用不同的方法可能不会得出相同的结论。也就是说,硬阶梯调查法与软梯访谈法可能会导致不同的结果。Grunert 和 Grunert(1995)认为,受访者的知识水平、调研问题的复杂程度和被访谈者的参与程度是选择具体方法时需要考虑的重要因素。分叉的能力、访谈者效应和主题的复杂性是使采用软梯访谈法和硬梯调查法调研结果不一致的主要因素。一般来说,如果研究的目的是调查某些预先确定的因素之间的密切联系,而不是揭示偏好以明了背后的感知机理,那么硬阶梯调查法可能更加适合。由于此次质性研究试图了解中国中等收入消费者对进口食品的感知,无预设条件的软阶梯访谈法应该更加合适。

(二)案例选择

在确定研究方法之后,收集数据的具体方法就应该被仔细考虑和权衡(Denzin & Lincoln,2005)。Vaughan(1992)强调,只有在仔细选择案例的情况下,研究者才有可能取得对所研究问题全面且深入的了解。在一个研究中,选择正确的案例是很重要的一个部分,如果所选择的案例具有同类案例的所有特征,则普遍性的结论就能够较易得出。Renting 等(2003)指出,案例分析法应该在仔细规划的前提下使用,以便于使用最少的案例得出最具有普遍性的结论。具体案例的选择应依赖于案例本身的质量

(数据的可取得性等)和它们理论推理的逻辑性(而非代表性)。为了选择适当的案例,一个由五位学者组成的小组进行了先期讨论,在考虑大宗进口量(具有一定代表性)的前提下,基于方法目的链模型的三个关键层级——属性、后果和价值,三种食品类别——牛肉、婴儿配方奶粉和红酒被选择以进行相应调研。首先,牛肉的加工过程不及婴儿配方奶粉和红酒复杂。这使消费者在选择牛肉时有可能更加依赖内在线索而非外在线索建立质量感知。在相关的质量属性方面,这三类产品之间就可能存在极大差异。其次,中国本土牛肉的质量问题并不严重,常常见诸报端的也不过是牛肉注水等对健康危害不大的问题。国产红酒的质量问题也主要是使用红汁勾兑后的成分标识与产品不符问题。但是婴幼儿配方奶粉却是存在过重大食品安全问题的产品,这使许多中国母亲为她们的孩子尽心竭力地采购进口奶粉并导致一些国家和地区(如澳大利亚和中国香港)采取种种措施限制中国消费者的采购数量。这一差异使模型中的后果和价值在三个案例之间可能存在较大差异。最后,很多研究已经表明中国消费者在选择进口红酒时可能存在显著的原产地效应。例如,Liu 和 McCarthy(2017)发现,中国消费者偏爱法国产红酒而非其他产地红酒。这一偏好无关口味只是一种对法国红酒的认同(原产地效应更加明显)。这就使红酒这一案例可能存在和其他两个案例截然不同的受关注的质量属性/线索和驱动价值。

在分析具体案例时,访谈是一个重要的信息来源(Tellis, 1997;Yin,2009)。Foddy(1993)甚至相信,有时候访谈是收集关于人们的习惯、经验、动机、信仰、价值观和态度的唯一途径。作为社会学研究中最常用的方法之一,访谈法"试图从主体的角度来理解世界,了解经验的内在含义,揭示人们日常生活的世界，以便于进行科学的解释或总结"（Kvale，1996）。面对面的单独访谈及集体访谈都能够提供很多信息。在本书研究中，由于消费者的具体感知随着个人特征的不同而有异，面对面的单独访谈将被采用。而虽然访谈法能够极具目的性地了解人们内心的想法（Yin，2003），但作为缺陷的另一面却是访谈问题需要认真准备，以防出现偏差。一般来说，基于准备的精细程度，访谈法可分为不同的类别（Healey & Rawlinson，1993）。Fontana 和 Frey（2003）确认了三种在社会学研究中常用的访谈法——结构访谈法、半结构访谈法和无结构访谈法。在结构访谈法中，所有的问题都是被预先准备好的，并都以相同的次序在访谈过程中一一出现。而问题的答案也常常被预先设置，被访谈者只要做出相应选择即可。这样一来，除了一些开放性问题（没有具体答案的问题），被访谈者做出个性化回应的机会就被剥夺了。Sarantakos（2005）因此认为在"此方法减少了数据的差异性，提高了数据的客观性和一致性"的同时，被访谈者内心的想法难以得到充分表达，收集的数据难以和社会实际相符。故此，在实际操作中，结构访谈法与硬阶梯调查法类似。与结构访谈法相比，无结构访谈法的优势在于可以更加深入地收集被访谈者的个人看法/想法。研究者可以在数据收集的过程中基于不同的情境询问不同的问题，而被调查者也可以就自己不熟悉的问题或独特的看法与研究者一起讨论。实际上，这种无结构访谈法仍然需要事前的组织，否则被访谈者可能缺席，而收集的数据也可能和预期有所偏差（Yin，2003）。例如，如果没有访谈前的材料组织，"能以不同的方式方法询问的一系列主题/问题"（Lindlof & Taylor，2002），研究者就可能在访谈的过程中难以将问题集中在研究主题上或难以避免个人"偏见"影响访谈，以致最终得到不需要或有偏差的

第四章 质化与量化研究：方法目的链和离散模型

数据。为了更好地控制访谈过程以及收集到足够多的有用数据，半结构访谈法试图融合结构和无结构访谈法的优点。Fisher（2007）因此将半结构访谈法定义为研究者用预先准备好的问题引导整个访谈过程，同时被访谈者仍然有在无结构访谈中自由的一种访谈方法。半结构访谈法中的一些特征（如研究的主题、目的、被访谈者的选择及时间的组织等）与结构访谈法类似。而它的另一些特征（如新问题的出现和访谈中的讨论等）与无结构访谈法类似。在社会学研究领域，由于半结构访谈法不仅能够保证研究者在一定的时间内接触到足够多的样本，而且能够深入收集被访谈者的个人意见及习惯等数据，这种方法的应用已经非常广泛（Lindlof & Taylor，2002）。鉴于半结构访谈法适用于已有理论框架但是缺少细节信息的研究（Yin，2009），基于方法目的链的理论模型，半结构访谈法将应用于此次研究以收集合适的数据来分析中国消费者对进口食品的感知以及选择进口食品背后的机理。

然而，即使事先准备好访谈提纲，半结构访谈法仍然是一个涉及询问和聆听艺术的、人与人之间的交流过程。它总是被研究者和被访谈者的个性以及一定的历史、政治和经济等情境因素所影响（Scheurich，1995）。Kvale（1996）认为，通过这种方法收集的数据过于主观。为了减少数据的主观性但又为了保持数据的深入性，文献研究法在本书研究中也作为一种重要的数据来源被采用。文献研究法主要关注他人的研究结果，帮助研究者从不同的角度思考问题，并通过对比使最终研究结果更加可信。就像Stake（2005）描述的那样，"研究者所述仅仅是基于某个案例的个人看法，而数据的对比更能加深读者的理解"。

（三）数据采集

基于文献研究法，二手数据被首先收集，以便于对案例所处情境有所了解。Atkinson 和 Coffey（1997）认为，现代社会中人们的生活经常会被各种文字材料所影响。例如，如果没有标签，原产地就不可能被获知。不同的文献为社会现象的存在奠定了物质基础（Yin，2009）。所以，文献在研究社会现象时扮演了重要的角色。通过大量阅读，与本书采用的三个案例（牛肉、婴儿配方奶粉和红酒）的相关背景被深入了解，为勾画相关案例的整体情况提供了坚实的基础，也为后续一手数据的收集指引了方向。

在收集二手数据之后，调研样本（被访谈者）还必须在进行正式调研前予以确定。而案例分析法所建议选取样本的方法一般为尽可能挖掘样本深层数据的非随机抽样法（Yin，2009）。Sarantakos（2005）列出了数种非随机抽样法，如随意抽样法、目的抽样法、配额抽样法和滚雪球抽样法等。随意抽样法是指本着随意的原则，在已存在的被调查人群中抽取样本的方法。譬如，研究者可以在大型商场中随意选择路过的消费者来参与调查。但由于选择的随意性，这种方法选取的样本一般并不能代表被调查者的整体情况（如性别、年龄等）。相比随意抽样法，由研究者来选择样本的目的抽样法则更为主观。出于样本代表性方面的考量，目的抽样法需要研究者对所研究的问题预先有深入的了解。配额抽样法是指研究者将调查总体按一定标准分类或分层，确定各类/层单位的样本数额，在配额内任意抽选样本的抽样方式。虽然这种方法选取的是非概率样本，但与前两种相比，配额抽样法在样本代表性方面的优势很明显。滚雪球抽样法是指

第四章　质化与量化研究：方法目的链和离散模型

首先由研究者选择一些被访者并对其进行访问，其次请他们提供另外一些属于调查总体内的潜在调查对象的线索，最后根据所形成的线索选择随后调查对象的一种样本选取方法。这种方法在寻找特定人群时非常有用。由于此研究针对中等收入人群，而一般消费者并不愿意坦承自己的收入，基于滚雪球抽样法，15名来自不同行业、不同年龄的中等收入者首先被选择并被电话联系，询问他们是否愿意参与调查以及他们能否介绍其他朋友（1~2名）参与调查。在得到肯定的回答后，调查得以开展。实际上，所有的被访谈者都被要求介绍1~2名可能的调查样本。基于介绍者的关系，几乎所有的被访谈者都很友好。他们很愿意回答问题，与研究者讨论相关情况，也很愿意介绍潜在被访谈者的线索。

所有访谈皆采用半结构访谈法。虽然所有被访谈者都被鼓励进行更深入和开放的探讨，由于半结构访谈是"带有目的性的言语交流"（Cloke et al., 2004），5个预定步骤还是被包含在此次半结构的访谈中。首先，每种产品类别下的6张产品卡片（包括高市场销量的3种国产和3种不同产地的进口食品）被一一呈现给被访谈者。每张卡片包含1~4张产品照片，显示其在真实市场上展示的所有可能信息，例如价格、品牌、成分列表等。然后，通过向受访者提供一组6张牛肉卡片开始正式访谈，并告知受访者本次访谈的目的是了解他们的个人观点，并没有正确或错误的答案。接下来，受访者被要求在真实购买的假设下选择他们想要购买的产品。他们必须给出选择的理由。通常，这些理由是在属性/线索层次上开始的，并且作为软梯访谈的起点。他们被要求回答"为什么这对你很重要"或者"如果缺少这个，将对你造成什么影响"等问题，然后重复类似问题以识别更高层次的后果和个人价值，直到访谈者确信从属性到后果直至个人价值联系已经完成。① 接着，该过程被重复 3 次，直到涉及所有的 3 个产品类别。在访谈的最后，受访者的基本人口统计信息（如年龄、性别、受教育程度和家庭结构）也被收集。

一般来说，采用软梯访谈法的调研样本都偏小。根据 Vriens 和 Hofstede（2000）的经验，在这个阶段可以进行 30 多次访谈。Vannoppen 等（2001）则调查了 40 个样本，以确定消费者购买高质量苹果的动机。而 De Ferran 和 Grunert（2007）建议的饱和法则声明，当最后一次访谈没有产生更多的属性、后果或价值时，访谈就可以停止。本次调研采取了 Veriens 和 Hofstede（2000）的建议，对 60 位受访者进行了访谈以提高数据的有效性（这使数据还可以随机分为两组进行互相验证以提高数据的效度和信度②）。同时，为了保证数据的可靠性，相关软件也在数据分析中被使用。

（四）数据分析及整理

在每个案例中，文献研究都先于访谈进行，以取得对案例的整体了解。而在访谈之后，所有的一二手数据都需要进行整理、分析以剖析中国中等收入消费者对进口食品的质量感知。数据分析过程要求选择可以处理大量质化数据的合适分析工具以使分析

---

① 个人价值具有高度概括性，一般很难被消费者总结出来，特别是对较低教育层次的被访谈者来说。因此，相关的个人价值体系就被访谈者作为备选，在被访谈者归纳个人价值产生困难时被用做提示。Kahle、Beatty 和 Homer（1986）列举了与人类生活有关的九个价值观，即与他人的温暖关系、归属感、自尊、受到尊重、自我实现、成就感、安全感、兴奋和乐趣以及享受生活。Lusk 和 Briggeman（2009）则列举了 11 个具体的与食品相关的价值，即自然性、味道、价格、安全性、便利性、营养、新颖性、原产地、公平性、外观和环境影响。出于普适性的考虑，基于 Schwartz（1992），包括安全、享乐主义、仁慈、自我指导、刺激、普遍主义、传统、整合、成就和权力在内的个人价值体系在访谈中被采用，以帮助受访者识别其个人价值。

② 对来自同一群体的两组回答者的独立分析可以用来确保有效性（Nielsen, Bech-Larsen & Grunert, 1998）。

结果可信。但在选择合适工具之前，主要的数据分析步骤还需要一一明确。Kitchin 和 Tate（2000）就曾提出，质化数据的分析一般可分为以下三步。

（1）转录。转录是指重新组织数据以便于进行后续分析。在访谈中，被访谈者对于每个问题的答案都应被仔细记录。一旦面谈结束，所有的数据都应被转录成描述性语言和观察性笔记（如回答问题时的腔调、肢体语言、思考时间和表情等）。这样一来，面谈的具体细节就可以重现，数据丢失的问题就可以避免。

（2）分类。分类是转录的基础上对数据进行进一步的分析。它将数据（一手和二手）分解到不同的类别之下，为将来的比较分析奠定基础。

（3）联结。在分类项目下对数据有基本了解之后，研究者就应进行仔细的分析，以理解各个分类项目之间的关系。在此基础上，联结还应包括持续的检查结论，以确认其与最初的记录一一对应的关系。换句话说，联结就是通过尝试各种方法诠释取得的数据来确认所采用的分析和解释方法的正确性，进而保证结论可靠性的过程。

在本次研究中，第二个和第三个步骤是在 Mecanalyst 以及 SPSS 软件的协助下完成的。Mecanalyst 是一个专门用于 MEC 数据编码、分类并因此使数据的比较和分析得以进行的软件。在这一步骤中，不仅影响消费者感知的属性/线索被标明，这些属性/线索可能给消费者带来的后果也被分类，进而指导消费者做出具体选择的个人价值观也被分析。这些定性数据都被用作构建认知层次价值图（HVMs）的材料，展示各种属性/线索、后果、价值观之间的关联性。最后，SPSS 软件被用来做一些产品类别间的对比分析，并通过确认消费者的人口学特征和选择偏好之间的相关性来确定潜在的进口食品消费者细分市场,以克服认知层次价值图的局限性。

三、量化研究

(一) 支付意愿和离散模型

在通过质化研究了解我国中等收入消费者对进口食品的感知之后,本书将继续研究第二个问题,即这些消费者愿意为他们钟意的进口食品支付多少溢价。众所周知,实际的市场行为经常偏离在采访或调查中所表达的看法(Korzen & Lassen, 2010)。即使原产地效应已被公认,仍有许多研究人员质疑原产地形象对产品整体评估的影响及其在消费者购买行为中的重要性。尽管"在中国具有积极的原产国形象的国家当然有进入市场的优势"(Lee et al., 2014),但这些原产地标签在现实中对产品的选择影响仍不明确。也就是说,选择机理与现实选择之间的关系仍然缺失。当然,在不同食品类别中,消费者的购买动机可能存在较大差异,目标消费者为其偏好所愿意支付的溢价在不同的食品类别中也许会有所不同。因此,研究将继续以牛肉、婴幼儿配方奶粉和红酒为例来检验中国中等收入消费者对进口食品的支付意愿。

Wedgwood 和 Sansom (2003) 定义消费者的支付意愿是"他们愿意为某种商品或服务支付的最高金额"。消费者可能并不乐意为进口食品支付溢价，但是相对于国产/无产地食品，他们可能愿意为获得有国外产地标签的食品支付一定的费用。Lancaster（1966）也提出，个人在购买产品时关注的并不是产品的属性而是能够在产品属性中获得的效用。从这个角度来看，食品就是包括外在线索如价格、品牌、原产地和包装等，以及内在线索如颜色、气味和手感等的各种属性的组合。对于消费者来说，基于随机效用理论（Random Utility Theory），他们会理性行事并在预估所有这些属性综合效用的基础上选择对他们来说效用最高的购买方案。换句话说，如果一个产品提供的效用在所有替代品中是最高的，那么消费者选择/购买这个产品的可能性就很高。Lancaster（1966）消费理论和随机效用理论在研究消费者的支付意愿时被广泛使用，这也是本书量化研究的理论基础。

根据 Wedgwood 和 Sansom（2003）的研究，支付意愿可以通过在实际市场上观察或问卷调查直接询问消费者为商品或服务付费的意愿来了解。Breidert（2006）则进一步总结了两类获取消费者支付意愿的方法，利用真实价格数据或者模拟价格数据的显示性偏好法（Revealed Preference）和利用市场调查获取数据的陈述性偏好法（Stated Preference）。

显示性偏好法可以根据获取数据的途径进一步分为直接来自真实市场数据的市场观测法和基于实验室数据或现场数据的实验法。其中，使用市场观测法由于时间和资金要求较高而且难以用于新产品的市场预测研究而使用较少。相对而言，基于实验室的拍卖实验法（Experimental Auction）更为常用（Lusk et al., 2004; Rozan et al., 2004）。拍卖实验法在20世纪90年代中期就开始用在食品/农产品的消费意愿研究领域中。它展现了动态市场环境中基于消费者主观判断的真实产品和真实支出之间的交易行为。被调研者面对的不是一个想象场景，他们的主观意识（如原来的购买经验和对购买场所的喜好等）也可在调研场景中得以呈现。总体来说，显示性偏好法经常被研究者诟病。采用这种方法取得的数据中可能含有大量其他因素（也称噪声）。这些因素会影响调研结果，进而导致测量误差。一般来说，从真实的支付意愿通常会比通过显示性偏好法中得出的结果低得多（Shogren et al.，1999）。而且，用显示性偏好法来测量支付意愿有一个前提，即价格是决定消费者食品选择的最重要参数。实际上，在消费者将产品放入购物篮后被询问价格的大量研究表明，消费者在不知道价格的情况下也会做出购买决策（Chernatony & Knox，1992；Vanhuele & Dreze，2002）。Vanhuele 和 Dreze（2002）在对法国市场的研究中就发现，10%的消费者在被直接询问某件商品的价格时能回想起所购商品的价格，30%的消费者可以在5%的误差范围内正确猜测所购商品价格。价格认知是一个复杂的现象。不同的产品类别中，价格对购买决策的影响不同。不同的购物场景中，消费者对价格的敏感度也不同。消费者的价格参与程度还与许多因素有关，包括感知预算约束、基本的购买动机影响和情境影响等（Lichtenstein et al.，1993；Urbany et al.，1996）。同时，研究者还发现习惯性采购在食品采购中起着重要作用。尽管消费者被认为是基于质量和价格做出购买决定的，但这绝不意味着每一次食品购买都是有意识的过程。消费者可能经由无意识信息处理的强大引导，习惯性甚至自动购买。在货架上的新产品可能根本不被消费者察觉，而导致购物时不会进入他们的选择集合。这时，特殊的营销工作如店内展示和免费样品等，就可能代替价格，在消费者的购物选择中起着重要作用。在这种情况下，基于价格的显示性偏好法就不能全面解释/预测消费者的支付意愿（Grunert，2005）。

相对于显示性偏好法，陈述性偏好法（SP）涉及通过设计一个实验来模拟消费者在一组竞争性食品替代品中做出选择的环境，其中属性及其各个级别是预先确定的，没有测量误差的影响。在该实验中，调研人员系统地或独立地改变产品某些属性以产生多种选择场景，要求消费者在每种情况下表明他们偏爱的替代品。然后，研究人员将选择和未选择的替代品中观察到的属性水平进行分析，以概率计量经济框架为基础建立模型。这样一来，陈述性偏好法就能对市场中可能无法直接观察到的属性进行估价，还能够识别哪些个体属性在消费者选择中更重要，并分别估计这些属性的边际支付意愿。与显示性偏好法类似，陈述性偏好法也包括直接调查法和间接调查法两类。直接调查法是通过直接询问受访者为获取某产品（或服务）而愿意支付的货币数额的方式来获取支付意愿的数据，根据被访者的身份可分为专家判断法和消费者调查法。其中，条件价值评估法（Contingent Valuation，CV）是最常用的消费者调查法。而在间接调查法中，联合分析法（Conjoint Analysis）中的选择实验法（Choice Experiment，CE）则是当前使用最多的方法。条件价值评估法从消费者主观满意度出发，利用效用最大化原理，让被调查者在假想的市场环境中回答对某产品的最大支付意愿。一般来说，有四种具体方法可以采用——投标博弈（Bidding Game）、支付卡（Payment Card）、开放式（Open-Ended）和两分式选择（Dichotomous Choice）（Venkatachalam，2004）。在条件价值评估法具体实施中，一个新产品首先被描述，然后在假设的情况下，被调研者被问及他们是否愿意在某个价格水平上购买此种产品或他们愿意为这个产品支付多少。假设的前提使条件价值评估法很多时候被用于研究环境方面的问题，特别是不可购买的公共产品（如清洁的空气）。同时，假设场景使条件价值评估法中的产品是被描述的且交换是无须真实存在的，被访谈者被要求想象他们在实际购物场所中的反应。这就使消费者可能由于对产品并不熟悉或是不需要真是支付而高估其支付意愿。并且，不同消费者个人因素的差异也被发现会导致估计结果的差异。由于在假设状态下局限性的存在，从心理学中发展出来的联合分析法就开始吸引研究人员的注意。联合分析法是基于产品的多属性概念，通过了解消费者偏好来模拟消费者权衡形式（Trade Off）的一种研究方法（Krystallis & Ness, 2004）。联合模型假定产品可以定义为一系列特定的属性级别，并且消费者从产品概念中得出的总效用是由每个属性级别贡献的部分效用（部分价值）决定的。它在设定产品属性级别组合的基础上，通过识别每个属性的相对重要性进行扩展分析。具体来说，首先，受访者被要求对根据产品属性的因子设计而生成的各种描述性产品（以反映对消费者有价值的产品特征级别）进行排名/评分/选择（Johansen et al., 2010）。其次，通过各种统计技术，从传统的普通最小二乘法到有序 Logit 模型，所有受访者的反应/选择都被用来推断各种属性是如何对整体评估做出贡献的。它是一种通过联合衡量消费者在离散化因素/属性之间的权衡来分析属性和购买意向之间的垂直关系的方法（Orme, 2006）。由于联合分析法与消费者需求理论（Lancaster, 1979）和随机效用理论（Ben-Akiva & Lerman, 1985）相一致，其测量还允许估计个体属性水平对总体效用的影响。因此联合分析法的一个明显优势就是能够确定推动消费者偏好的产品属性的相对重要性（Moskowitz & Silcher, 2006）。如今，联合分析法已被广泛应用于许多与食品相关的领域，包括新产品开发、市场细分和购买决策模拟（Cardello，Schutz & Lesher，2007；Deliza，Macfie & Hedderley，2003；Haddad et al.，2007）。但此分析法也有两个致命缺陷。首先，如何进行属性因子的选择。如果属性因子过少，则描述的样本可能不足以包含对消费者来说的重要产品属性，并导致有偏差的调研结果；如果属性因子过多，则会导致全因子设计下的可供选择产品数目过多。而使执行测试在实践中难以实现。其次，如果使用部分因子设计（可降低消费者疲劳并降低成本）而非全因子设计，则在具有多个因子水平的情况下实验设计相对复杂。其中一个很重要的问题是要如何获取关于混杂因素之间对购买意愿影响的确切信息。在此情形下，评估效应的显著性是仅由一个因素引起还是由因素之间的一系列相互作用引起就需要仔细考量。

虽然联合分析法也存在一定缺陷，但由于本研究关注特定人群、中国中等收入群体和进口产品/标签对食品选择/支付意愿的影响，联合分析法相较于其他方法还是较为合适的。但联合分析法也有很多分支。例如，Orme（2006）就提到过，传统的、适应性的和选择性的三种联合分析法。传统的联合分析法在今天仍然被广泛地使用。它通常包括以下步骤，首先确定重要的产品属性和每个属性的具体水平，其次确定进行调查的产品组合，通常采用正交设计（Orthogonal Design）来减少产品组合数，接着被调查者根据购买可能性或偏好对每一个产品组合进行打分（Rating），最后通过最小二乘法（OLS）估算线性回归估计模型的效用系数。适应性联合分析法要求被调查者首先对每一属性的各个水平进行排序，其次对属性的重要性进行评分，接着被调查者要求对产品组合两两评分，说明其最喜欢哪种以及喜欢的程度，最后被调查者还需要根据某一产品组合在购买可能性量表上进行评分。相对传统的联合分析法，适应性联合分析法的独特之处在于每个被调研者要回答的问题都是不同的。系统/程序将根据被调研者上一题作答情况来分配题目。这种方法将消费者自评（Self-explicated）包括进整个调研过程，可以针对每个被调查者形成个性化调研，从而提供比传统方法更加全面与消费者特征结合的属性分析。20世纪90年代，研究人员发现在实际的购买场景中，消费者不会对产品进行一一打分，他们只是简单地选择某种产品，因此研究者开始让被调查者简单地选择某种产品组合。被调查者必须在提供的选项中选择他们最有可能购买的一种（产品组合），而不是对产品组合进行排序或打分，并且有的研究还增加了"不选"项，以更好地模拟真实场景。这种新方法就叫作选择性的联合分析法，也叫选择实验法（Choice Experiment，CE）。相对于传统和适应性方法，选择实验法可以同时评估多个属性的影响（全面性），其原理/结论与随机效用理论一致，且选择任务与实际购买决策相似（Adamowicz et al.，1998；Lusk et al.，2003；Lusk & Schroeder，2004）。因此，选择实验法将被本书用来进行研究，以更好地贴近实际场景，得到更可信的结果。

  在调研数据处理过程中，选择实验法又出现一些分支。一般来说，回归分析、因子分析、结构方程模型和离散选择模型是常用的方法。前两种较为简单但结果并不精确可靠，而后两种较为复杂但结果相对精确。结构方程模型是一种融合因素分析和路径分析的社会学研究方法。通过结构方程模型分析调研数据，一般涉及三个步骤。第一步，主成分分析用于探索每个构建体内的潜在因子结构。每个构建体一般有几个潜在影响因素。第二步，基于探索性主成分分析的结果建立测量模型，其中各因子作为潜在构建体的指标。第三步，基于主成分分析和构建体内的潜在因子结构建立结构模型。由于结构方程模型都是在探索性研究确定因子结构和概念维度的基础上构建的，多个指标就可以被采用以反映潜在变量和估计整体的主要成分。虽然这种方法较之传统的回归方法更加合理，但是其缺陷也很明显。首先，这个模型十分复杂。即使是最简单的结构方程模型也包含数十个参数。这几个参数矩阵带来的直接后果是计算复杂性。其次，此模型基于协方差而构建，个人层面的效用系数难以在总体层面得到反映。虽然可以对每一个调查对象的数据点进行回归来得到个人的效用系数，但对每个调查对象的数据进行单独回归的问题在于数据点较少而自变量的个数较多（需要估计的系数较多），所以模型所剩的自由度（Degree-of-freedom）很小。而如果简单地取全部个人层面系数的算术平均数作为总体系数或对全部被访者的所有数据进行线性回归则会发现，通过算术平均计算得来的总体层面系数并不可靠，而对所有数据进行线性回归则忽略个人层面系数的差异性。在这种情况下，离散选择模型成为常用的工具（Loureiro & Umberger, 2007；Lusk & Schroeder, 2004；McKendree et al., 2013）。当然，离散选择模型也有很多种。首先，离散选择模型由于选项的不同可以分为二元 Logit 模型（Binary Logit）和多元 Logit 模型。在二元实验中，受访者会看到商品或服务的描述，并被询问是否有兴趣购买或使用该商品或服务（回答"是"或"否"）。一般来说，这种方法要求对每个观测者都有多个重复观测值，然后建立"对数成败比例模型"，对相应参数进行估计。如果因变量类别较多，多元 Logit 模型就必须被采用。一般来说，多元是二元的扩展，要求受访者从多个选项中选择他们最有可能购买的一项，亦即对他们效用最大的一项。其次，离散选择模型由于其复杂程度又有不同的形式。多项 Logit 模型（Multinomial

Logit Model，MLM）是最简单的离散选择模型形式，它设定随机效用服从独立的极值分布。这个模型由 McFadden（1978）在 20 世纪 70 年代提出。此模型假设，在产品选择问题中无论要选的产品是什么，每一个产品选项对做选择的个体来说都有或多或少的效用，一个产品的脱颖而出必然是因为该产品能产生对个体来说最高的效用。于是，每一个产品的效用都可以分解为两部分，第一个部分受"产品本身的特质"以及"做选择的个体特质"的影响，而第二个部分则是一个随机变量，用以总结所有其他无法观察到的影响。正因为包含这么一个随机变量，所以每一个产品的效用本身也都是随机变动的。换句话说，现实中的个体不会固定地选择某一产品，只能说某类个体（了解个体特质是如何影响各个变量的效用也是离散选择模型建立的主要目的）选择某产品的概率是多少。这个 MNL 模型在有些地方也称为条件 Logit 模型（Conditional Logit Model）（王灿等，2015）。MNL 模型是整个离散选择模型体系的基础，在实际中也最为简单且对样本要求低。当然，MNL 模型也有其固有缺陷。例如，它假设随机效用服从独立的极值分布（提供的选项中各参数相互独立，受访者的偏好是同质性的），且效用参数和属性参数之间存在线性关系（系数恒定）。但在现实的选择中各个产品参数不一定是对等的，可能存在主要类别和次要类别混杂在一起的情形。例如，在研究晚餐肉类的选择时，可将肉类粗分为猪肉、牛肉和羊肉三大类，但若将肉再依不同部位细分则可得出更多类（如排骨、腿骨、五花肉），结果是消费者可能在市场上面对几十种选择。在这种情况下，MNL 模型就不适用，因为猪肉、牛肉和羊肉均属同一等级的主要类别，而排骨、腿骨、五花肉等则明显是较次要的类别，它们不应该混杂在一起。若不慎将不同层级的类别混在一起，则

第四章 质化与量化研究：方法目的链和离散模型

MNL 模型所得到的参数结果就会有误差。所以，巢式 Logit 模型（Nested Logit Model）就被用来处理主要类别和次要类别混杂的情况。但巢式 Logit 模型需要仔细处理不同层级的参数问题，并且只是部分放开对备选项相关性的限制。故此，更复杂的一般巢式 Logit 模型（Generalized Nested Logit Model）就被发展出来。此模型不同于算式 logit 模型之处是允许子集之间存在重叠，即一个备选项可以从属于多个子集，因为它承认在不同的维度下，不同子集的备选项具有相关性。但这种模型在实际处理中由于假设过多，对样本的大小和处理的技巧有较高要求，故而应用不多。但无论是 MNL 模型还是算式 logit 模型或者一般算式 logit 模型，它们都忽略个体异质性，以致存在无法处理随机偏好差异的不足。而现实中的消费者却是异质的，他们对产品属性的偏好也是不同的。在这种情况下，较为简单的潜在类别 Logit 模型（Latent Class Logit Model）和混合 Logit 模型（Mixed Logit Model）就被发展了出来。潜在类别 logit 模型从群体偏好差异的角度来分析消费者偏好异质性。其假设人口中有潜在类别差异，每个类别都有自己的选择偏好。因此，样本可以划分为几种细分类别，可以分别用不同的系数来进行潜在类别 logit 建模。但具体类别并不由人为划定，而是由软件自动计算样本属于每一类的概率。与一般的样本细分不同，研究者一般依赖于三个不同的标准即最小 Akaike 信息标准（AIC）、修改后的 Akaike 信息标准（AIC3）、最小贝叶斯信息标准（BIC）（Gracia & De-magistris, 2013）来判定类别之间是否有显著差异，即细分是否有意义。这避免了人为样本细分中的主观性，但也使样本数较小时或样本偏好差异不大时较难得到满意的结果。混合 Logit 模型通过指定的分布来允许样本内数据的随机变化来降低传统 MNL 模型的局限性（McFadden &

Train，2000）。所以，它也是 MNL 模型的另一种通用形式，在考虑同一决策者重复选择模型时尤其有用（Brownstone & Train，1999；McFadden & Train，2000）。通过允许样本内数据的随机变化的方式，它让 MNL 模型内不可知因素通过可灵活变化的方差——协方差结构来提供部分效用的解释，并通过在随机参数中引入相关性来提供对属性之间偏好更全面的估计。这使混合 Logit 模型能够通过一个模型不仅同时估计总体和个人层面的系数，而且可以捕获难以观测的消费者偏好异质性，从而使模型更加贴近实际情形。但是混合 logit 模型的缺陷也很明显。由于估算的信息较多，它所需要的数据点一般需要数千个以上，如果数据点偏少，则模型将垮塌成为 MNL 模型。而且，数据的随机分布形式一般需要研究者主观预估，这对研究者的能力提出了极高的要求。

建立于选择实验法上的离散模型本质上就旨在推导确定不同变量对消费者的效用大小。如果将价格放入变量体系中，则模型可以估计个人愿意放弃的金钱数量，以便从另一些特定变量中获得更多效用的可能性。这种为特定变量的效用愿意放弃的金钱数量被称为支付意愿（WTP）。在近 20 年的研究中，离散模型在消费者支付意愿领域应用较广。在政府决策（如确定道路和公共交通的价格）和生产者推出新产品的定价过程中，利用离散模型来推测潜在支付意愿的研究也很常见。

（二）消费者支付意愿的估算

在离散模型中，估计支付意愿并不复杂。在简单的线性模型中（MNL 模型在效用函数上也呈线性），支付意愿能在其他变量保持不变的前提下用两个参数之间的比值来表示。当至少有一个选择实验中的属性是以货币单位来衡量的时候，两个属性的参数

第四章 质化与量化研究：方法目的链和离散模型

之间的比值就能提供支付意愿中的货币指标。如果要衡量本书中的原产国支付意愿，在离散模型中可以采用的措施就是假定其他条件不变，衡量变换原产国时消费者愿意为了不同的原产国而愿意花费的金钱数量。值得注意的是，支付意愿的衡量是基于两个属性参数的比率来计算的，因此这两个属性应具有统计上的显著性，否则就不能得到有意义的衡量结果。属性使用的级别以及不同情形下支付意愿的计算方式（非线性的参数）也值得仔细考量。首先，变量使用的属性级别范围应当加以注意。例如，Hensher等（2005）就声称研究中对数据不同的编码方式有可能造成支付意愿测量结果的差异（如SP和RP数据源的支付意愿测量结果就可能存在基于SP的假设性质而造成的差异）。其次，在非线性模型中，由于属性的参数本身就是此属性和其他属性相互作用影响下的函数，支付意愿的衡量会更加复杂。例如，在MXL模型中的参数是随机的，这会导致一系列比值问题。假设两个参数都是三角函数（或是正态分布的函数），那么两个三角函数的比值会具有不连续的分布。除非排除分母等于零的情况，否则还会产生均值和方差问题。而且，根据随机参数估算支付意愿，可以使用函数分布中的所有信息，或者仅使用均值和标准偏差来估算。前者当然更加准确，但也更加复杂。具体来说，所有估算的结果都会产生一个协方差矩阵，研究者将被迫从一个具有均值、参数和协方差矩阵的正态分布中提取随机观测到的比值来估算支付意愿。因此，估算支付意愿时，一些研究者更愿意采用相对简单的潜在类别logit模型。混合logit模型中假定每个采样的个体都是沿着连续分布随机分配的。如果研究者可以识别样本所选替代方案上其他可用的附加信息来确定某类人群的特定参数（这类人群在面临相同的选择情况时会做出同样的选择），那么准确预测某类人群的支付意愿就成为可能。因此，一些研究人员如 Hensher、Greene 和 Rose（2003）就试图推导个体特定参数以及针对每个个体的特定属性的相关支付意愿。与混合 logit 模型中分配两个参数的风险（可能导致极值估计）相比，这些分类后的参数估算更接近现实。

因此，基于更贴近现实的考量，基础的 MNL 模型和潜在类别模型将在此研究中被采用。两种方法得出的支付意愿值也会加以比较以便更好地解释数据。具体来说：MNL 模型是现在通过随机效用理论分析消费者选择的最流行的框架之一。它假设 U_{nji} 是消费者 n 在选择第 j 个选择情形中（$j=1,2,3,4,5,6,\cdots$）中选择第 i 个产品（$i=1,2,3,4,5,6,\cdots$）的效用，则：

$$U_{nij} = V_{nij} + \varepsilon_{nij} \qquad (4-1)$$

其中，V 是一个决定性因素，而 ε 是研究人员无法观察到的随机误差项，并给予独立的 Gumbel 或 IID 类型 I 的极值分布。在式（4-1）中，如果系统因素 V_{nij} 被指定为矢量变量 X_{nij}（与决策者 n 所面对的替代方案 i 有关）的线性函数，而 β' 用来指代旨在确定效用时用来衡量外生变量的参数，通过效用差异来选择 i 产品的概率就可以在 MNL 模型中描述为：

$$Prob_{ni} = \frac{e^{\beta' x_{ni}}}{\sum_j (e^{\beta' x_{ni}})} \qquad (4-2)$$

虽然 MNL 模型伴随一些上文已经提及的相当强烈和限制性的假设，但极其容易解释对于选择概率的推导，这也导致支付意愿的计算较为简单。需要注意的是，价格属性的参数在此公式中为一固定值。而 LC 模型假设消费者异质性在不同类别之间明显存在。如果在人口中存在 S 个类别，每个类别都有自己的选择行为或偏好，且属性参数有价格、国别（4 个）、购买地以及品牌/

包装,那么式(4-1)可以转换成:

$$U_{nij|s} = \beta_{1|s}Price_{nij} + \beta_{2|s}China + \beta_{3|s}Brazil +$$
$$\beta_{4|s}America + \beta_{5|s}Australia +$$
$$\beta_{6|s}Supermarket + \beta_{7|s}Brand/Package + \varepsilon_{nij|s} \quad (4-3)$$

其中,$\beta_{1|s}$,$\beta_{2|s}$,…,$\beta_{7|s}$ 是类别 s 对应于相应属性的参数向量,$\varepsilon_{nij|s}$ 是误差项。未观察到的项 $f(\varepsilon_{nij|s})$ 的密度则假定消费者的偏好存在异质性。根据 Train (2003) 和 Gracia 等 (2014),基于不同类别人群的特定效用参数值的不同,个体 n 从选择集 j 中选择替代方案 i 的概率可以描述为:

$$P_{nij} = \sum_{s=1}^{s} \frac{e^{\beta'_s x_{ni}}}{\sum_j (e^{\beta'_s x_{nj}})} R_{ns} \quad (4-4)$$

其中,β'_s 是 S 类别人群的特有向量参数。而 R_{ns} 则是消费者 n 属于 S 类别的可能性。依据 Ouma 等 (2007),R_{ns} 可以被描述为:

$$R_{ns} = \frac{e^{\alpha'_s z_n}}{\sum_r (e^{\alpha'_r z_n})} \quad (4-5)$$

其中,Z_n 是一组决定消费者 n 属于 S 类别人群的可观测性特征,而 α'_s 则是 S 类别消费者的参数向量。

一般来说,从模型中获得的系数代表个人对不同属性的偏好或边际效用。定义属性偏好的参数 β 矢量表示边际效用。因此,支付意愿实际上是用来估计个人在价格和其他另一个属性之间进行权衡的边际替代率(MRS)。Louviere 等 (2000)、Hensher 等 (2003) 由此认为,支付意愿可以被计算为各属性水平的部分效用除以价格边际效用的负值,亦即

$$WTP_K = -\frac{\beta_k}{\beta_p} \quad (4-6)$$

其中,WTP_K 是第 K 个属性的支付意愿,β_k 是第 K 个属性的

估计系数，β_p 则是价格的估计系数。当然，分析中的编码方式也会影响 WTP_K 的值。如果采用 Effect Coding 的编码方式而非 Dummy Codding 的编码方式，则 WTP_K 应等于 $-2\dfrac{\beta_k}{\beta_p}$。值得注意的是，最终 WTP 的值指的是相对于价格 1.0 来说的（编码时的基准值）消费者愿意多支付的百分比数（Janssen & Hamm，2012）。

（三）数据收集

为了分析消费者对 COOL 的实际支付意愿（WTP），本书首先选择能够影响消费者选择的产品属性，并仔细设计选择决策的选项和水平；其次依据能够比较各种属性的需求离散选择实验（DCE）方法确定各项产品属性对消费者需求的影响（参数）。同时，通过估计属性之间的交互项，各属性之间的关联（相互影响）还能被进一步分析。

作为研究第一部分的定性研究（半结构性访谈）于 2017 年年中进行。收集到的数据被作为定量研究的基础（确认关键性产品属性）用于离散选择实验。考虑到已经确认的产品属性，定量研究和定性研究选择同样的三种产品，即牛肉、婴幼儿配方奶粉和红酒进行调查。但红酒的情况较为复杂，存在自饮、请客和送礼三种消费情形，而且三种情形下的消费者关注的产品属性有明显差异。故此，只有送礼用红酒进行量化研究以探讨在承担更多的社会属性的角度下消费者对 COOL 的实际支付意愿。在牛肉案例中，定性研究发现有 9 个属性可能影响消费者的选择。但如果 9 个属性都纳入调查范围，相关的离散模型将过于复杂而难以进行相关处理。鉴于相似的研究都采用 3～5 个属性进行分析，在牛肉案例中只有 4 种属性被选择进行量化研究。首先，价格是研

第四章 质化与量化研究：方法目的链和离散模型

究支付意愿的必备属性。其次，由于本书着眼于进口产品的原产国效应，进口产品所属国别也是与研究目标直接相关的必备属性之一。最后，考虑到牛肉和红酒案例，以及在质化研究中牛肉各属性的重要程度，零售渠道和包装也被认为是牛肉案例中的重要属性而被纳入研究范围。

选定案例和相关的研究属性之后，离散模型的设计还需要仔细选择各属性的水平。首先，在三个案例中都出现的价格属性被设计成包括三个水平，且均为调研地货币——人民币。最低价格大致匹配市场价格，并以50%和100%的增量获得两个较高的被调研价格（受访者在之前的定性研究中普遍表示愿意为进口产品支付50%~100%的溢价）。一般而言，为了避免对单个参数的线性估计（斜率系数），采用三个及以上的水平进行相应属性设定是较为常见的。不采用更多水平进行价格估算的原因在于，估算更复杂的非线性关系对样本和时间要求较高，并且采用过多水平也可能使消费者难以做出符合实际的判断。其次，考虑到原产国对消费者的影响如前文所述可能会有两个方面——社会经济和技术发展程度的影响以及具体历史或自然环境的心理表征的影响，四个国家会在调查问卷中出现，即美国、澳大利亚、巴西、阿根廷和中国[①]。最后，基于质化研究，属性中较为重要的零售渠道主要有两个水平，即超市和农贸市场/超市和专业母婴店。品牌和包装也主要有两个水平，即知名和不知名以及盒装和散称。故此，三个案例中都有四个属性和各自的水平在问卷中出现。有关特定属性及其水平的详细信息如表4-1所示。虽然

---

① 美国和澳大利亚为发达国家，巴西、阿根廷和中国为发展中国家。澳大利亚和巴西、阿根廷为农产品出口大国且拥有良好的自然资源生产牛肉、奶粉和葡萄酒等产品（阿根廷生产的红酒比巴西生产的红酒在中国市场上更为常见），美国和中国生产的产品门类更为繁多。

Bech 和 Gyrd-Hansen（2005）指出，在具有超过三个属性的属性水平下，Effect Codding 的编码方式是首选。因为这种编码方式会使属性的系数与常量不相关，估计所有水平的效果（主效应和相互作用）就成为可能。但在对 24 名中等收入消费者的预调查中却发现，进行 Effect Codding 的编码方式会使对于结果的解释过于复杂（特别是在国别的四个属性水平下），因此，Dummy Codding 的方法最终被采用以对数据进行编码和分析，如表 4-2 所示。

表 4-1 牛肉、婴儿奶粉和红酒的属性及属性水平

牛肉		婴儿奶粉		红酒	
属性	属性水平	属性	属性水平	属性	属性水平
价格（元/斤）	42	价格（元/桶）	120	价格（元/桶）	120
	63		180		180
	84		240		240
国别	中国	国别	中国	国别	中国
	巴西		巴西		阿根廷
	美国		美国		法国
	澳大利亚		澳大利亚		澳大利亚
销售渠道	超市	销售渠道	超市	品牌	知名
	农贸市场		连锁母婴店		未知
包装	盒装	品牌	知名	包装	盒装
	散称		未知		散装

表 4-2 量化数据编码

解释变量	定义
巴西	国别：1 = 巴西，0 = 其他
美国	国别：1 = 美国，0 = 其他
澳大利亚	国别：1 = 澳大利亚，0 = 其他
阿根廷	国别：1 = 阿根廷，0 = 其他
法国	国别：1 = 法国，0 = 其他

续表

解释变量	定义
63 元/斤	价格：1 = 63 元/斤，0 = 其他
84 元/斤	价格：1 = 84 元/斤，0 = 其他
180 元/桶	价格：1 = 180 元/桶，0 = 其他
240 元/桶	价格：1 = 240 元/桶，0 = 其他
180 元/瓶	价格：1 = 180 元/瓶，0 = 其他
240 元/瓶	价格：1 = 240 元/瓶，0 = 其他
渠道	渠道：1 = 超市，0 = 其他
包装	包装：1 = 盒装，0 = 散装
品牌	品牌：1 = 知名，0 = 不知名
小孩	小孩：1 = 家庭中有一个及以上的小孩，0 = 无
国外经历	国外经历：1 = 有，0 = 无
性别	性别：1 = 女性，0 = 男性

在定义各类别产品的属性及其水平之后，调查问卷采用全因子设计（所有可能的属性级别的全部组合）使最终的调查问卷由 $3 \times 4 \times 2 \times 2 = 48$ 个假设购买情景组成。这 48 个假设购买场景组成的全因子候选集合允许估计主要和特定的双向互动效果，但由于本次研究只准备采用 MNL 模型和 LC 模型，所以只有主成分参数可能被计算出来。最后的调查问卷分为三个部分。第一部分调查被访者的消费习惯，如各类产品的购买频率以及是否有相应进口产品购买经验等。同时，李克特 7 级量表也被采用以衡量各个属性对于它们的重要程度和进行相应的信度和效度分析。问卷的第二部分是调查的主体部分。每个产品类别的 48 个选择被随机分为 4 组（每组 12 个选项）分别在 4 个问卷中被呈现。所有参与者都要求在 4 份问卷中选择一份回答。他们必须在包含 12 个选项（选择数太多则易产生疲累，以致不能仔细衡量每个选择所

能带来的效用）的每个选择集中选择一个他们希望购买的选项（Lusk & Schroeder, 2004）。虽然根据 Hensher 等（2003）的研究，提供"不购买"选项可以避免强迫选择导致偏差的结果。但 Dhar 和 Simonson（2003）也指出，如果"目的是研究不同属性水平对选择的关系的影响""任何非选择性的选择都可能成为分析师的障碍"。而且，MNL 模型和 LC 模型是通过效用来估计各属性参数，研究人员只需要知道哪个选项在集合中给被调研者带来的效用最大就能估算出相应参数。故此，"不购买"选项并未纳入本调查问卷。同时，Murphy 等（2005）和 Moser 等（2014）也指出，陈述性偏好实验（SP）会导致消费者夸大其真正的支付意愿。尽管这种偏差可以忽略不计（Lusk & Schroeder, 2004），但"廉价谈话"（Cheap Talking）策略可以在一定程度上减少偏差（Lusk, 2003）。因此，一段说明性的文字，"研究表明，虚拟场景中的消费者容易高估其消费意愿。但在真实世界中，您的食品购买预算却总是限定在一定范围之内。所以，请在进行选择时充分考虑预算问题，依照您日常消费习惯进行选择"，也被添加到问卷的第二部分。调查问卷的第三部分则试图了解受访者的社会人口学特征。最终，基于质化研究的结果/发现，21 个调研问题在和研究学者讨论并经过 24 人的预调研后被正式确定。

最终的调查问卷于 2018 年 2~3 月在中国的在线调查网站——问卷星上发布。所有的样本与量化研究一样，采用滚雪球抽样法收集。为了保证 4 个调查问卷被平均（相同人数）选择。最终的有效样本由 480 人组成，为每个产品选项提供 1440 个观察值（每个问卷 120 个样本×每组 12 个选择集合）。受访者的数量符合 Bunch 和 Batsell（1989）的要求，他们指出每个选项至少需要 6 个样本来满足大样本统计特性。

第四章 质化与量化研究：方法目的链和离散模型

四、本章小结

为了了解中国消费者购买进口食品的背后机理以及他们对进口食品的支付意愿，本章作为连接理论和实践部分的研究方法章节，致力于打造一个合适的研究框架以便于数据的采集和分析。

首先，基于方法目的链理论，在仔细分析社会学研究领域不同的研究范式和研究方法之后，质性研究方法、量化研究方法和案例分析法被指出适合于本书研究的目的。其次，考虑到数据收集过程中的实际困难，基于预调查的结果，三个案例被确定下来。随之，文献研究法、半结构访谈法和调查问卷法三种研究方法也被明确使用来收集数据。最后，为了得出可信的结论，在相关软件辅助下的具体研究步骤和写作方法也被一一确认。以此为基础，三个被选择的案例——牛肉、婴幼儿配方奶粉和红酒将在接下来的两章里被逐一分析。

第五章
数据分析

一、质化分析

(一) 数据概况

本次质化分析数据源于 2017 年 5 月在中国江西省南昌市进行的 60 人次的电话和互联网访谈。被访谈者年龄在 22~48 岁，年收入为 6 万~18 万元，如表 5-1 所示。选择此城市不仅存在研究者自身的原因（居住于此城市）而且有中等收入人群分布上的考量。前文提到过，预计中国中等收入人群为家中有年收入为 6 万~18 万元的家庭成员存在的人群。但是，不同的城市存在巨大的收入差别（CBBC，2014）。例如，根据人力资源和社会保障局的数据，北京（一线城市）2016 年全市职工平均工资为 92477

元。而南昌（二、三线城市）2016年全市职工平均工资为65812元。如果以6万元为中等收入下线，可以估计在北京此收入处于极低水平而在南昌此收入处于中等偏下水平。故此，如果以6万~18万元的年收入作为中等收入人群界限，在二、三线城市进行的调研应该更加符合实际情况。

表5-1 质化研究中被访谈者的人口学特征

	频率（人）	占比（%）
性别	女性：37 男性：23	女性：61.7 男性：38.3
年龄（平均年龄为36.15岁；标准差为6.359）	22~30岁：10 31~40岁：27 41~48岁：23	22~30岁：16.7 31~40岁：45 41~48岁：38.3
受教育程度	高中学历（包括技术学校）：4 本科学历：36 研究生学历：20	高中学历（含技术学校）：6.7 本科学历：60 研究生学历：33.3
年收入	6万~7万元：10 7万~16万元：40 16万~18万元：10	6万~7万元：16.7 7万~16万元：66.7 16万~18万元：16.7
职业	高校教师：14 企业职员：28 政府工作人员：18	高校教师：23.3 企业职员：46.7 政府工作人员：30
家庭成员数	少于3人（单身或已婚）：6 3人（已婚有一孩）：33 多于3人：21	少于3人（单身或已婚）：10 3人（已婚有一孩）：55 多于3人：35

在60个样本中,女性比例较高。这保证了家庭中主要食品购买决策者的充分参与。而根据研究目标,样本也偏向于具有较高教育水平的中年人群,这不仅是中国中等收入群体的特征（Organization for Economic Co-operation and Development,2016）,而且方法目的链访谈中的心理后果和个人价值等抽象问题的出现也使受过高等教育成为完成访谈任务的前提条件。此外,鉴于样本的年龄范围是22~50岁,传统上的低收入人群、养老金领取者和非专业人员都被排除在此次调查范围之外。

在访谈过程中,参与者的回答都是由预先准备的答题纸和录音软件记录的。完成实地调研工作后,所有的数据都根据方法目的链调研中预先设定的四个抽象层级,即属性、功能后果、心理后果和个人价值,通过"MECANALYST"软件对三种被调研产品一一进行编码和分类。由于所有被提及的概念都是基于理解而被归类的,受访者数据都在被访谈后及时整理且在被访的24小时内被再次联系以确认理解的可靠性。同时,为确保所有数据的编码都基于相同的理解/归类方法,所有编码工作在经由专家小组讨论后都由调研人员进行最终确认检查。通过这种方式,来自牛肉类别的数据被归纳为55个数据集,来自婴幼儿配方奶粉的数据被归纳为40个数据集,而来自红酒的数据被归纳为40个数据集。此外,编码后的数据通过建立认知层次价值图（HVM）的模式在方法目的链理论的基础上进行分析以了解受访者的认知结构（Grunert & Grunert,1995）。

理想情况下,所有类别及层次间的相关链接都应该在HVM中显示出来。但实际上,为了创建便于解释的图集/认知结构,简化原则在仔细考量数据的简洁性和完整性的基础上被采用。事实上,本书中呈现的牛肉和婴幼儿配方奶粉的HVM图都是使用6

作为截止值而得出的。这意味着，只有至少被6名受访者提到的与特定产品相关的属性/后果/价值才被包含在HVM中。而在红酒案例中，由于被访谈者购买红酒的目的性有很大差别，且有些受访者没有自饮红酒的习惯，HVM使用3而非6作为截止值以适应不同目的的红酒购买类别中访谈者人数在30人左右的情况。截止值的使用使本次访谈中75%以上的层级关系能够在HVM图中被体现。这个比率高于Gengler和Reynolds（1995）以及Barrena和Sanchez（2010）所认为合理的范围。

（二）HVM数据分析

由于质化调研的重点不仅在于剖析进口食品中吸引中国中等收入人群关注的属性以及促使他们购买进口食品的背后机理，而且试图帮助生产者了解可能存在的细分市场，因此，三种不同的数据分析方法被采用以达到研究目的。首先，受访者对各种属性的偏好以及这些偏好在其认知结构上所产生的影响通过HVM图进行分析，以展示受访者选择进口食品背后的机理。其次，由于HVM图只展示某属性/后果/价值被提及次数的多少却不能显示各属性的重要性，产品类别间的属性对比分析也因此被采用以展示受访者对三种不同产品类别在所关注的属性上的异同。最后，在分析消费者认知结构以及背后更深层次的价值观影响的同时，被访者的社会和人口特征也被仔细探讨。基于消费者的人口学特征和选择偏好之间的相关分析来了解不同类型消费者在进口和国产商品上购买的偏好。这使进一步帮助生产者和政府相关部门制定正确的战略/政策以提高消费者的总体福利成为可能。

1. 牛肉

相比于猪肉,中国消费者牛肉的消费量较少。数据表明,71.7%的受访者每周消费牛肉产品1次以下,15%的受访者每周消费牛肉产品1次左右,3.3%的受访者每周消费牛肉产品2次左右,10%的受访者每周消费牛肉3次以上。这种消费频率不仅仅受到中国传统消费猪肉而非牛肉习惯的影响,而且与牛肉的市场价格也有极大关系。消费者普遍表示,市场上(农贸市场以及当地屠宰场)牛肉的价格在每斤42~48元(用来炒菜的牛瘦肉而非牛腩等),但这个价格是同期相似猪肉产品(用来炒菜的猪瘦肉而非五花肉等)的3倍以上。同时,相较于21.7%的偏爱购买国产牛肉的受访者,超过50%的受访者(31位)明确表示更愿意购买进口牛肉。剩余的26.7%的消费者并不特别关注牛肉产地,因为他们认为可以依据以往购买经验使用非进口标签的其他属性线索(如肉的颜色和肌理等)来判断牛肉质量。在31位偏向于购买进口牛肉产品的受访者中,有10位喜欢购买从发达国家进口的牛肉产品。这10位中的9位声称他们更喜欢来自澳大利亚的牛肉产品,因为澳洲有良好的生态环境、较高的质量标准和可靠的质检体系。值得注意的是,虽然对于牛肉安全性的关注很大程度上源于欧美的"疯牛病"事件,且此事件在事实上也造成对欧美牛肉业的重大负面影响,但此次研究的受访者似乎并不抗拒来自欧美的牛肉产品。在美国牛肉被禁止进入中国14年后(2017年开始才被允许进口),只有4名受访者表示他们拒绝接受美国牛肉。在解释受访者对进口牛肉产品偏好的背后机理时,HVM提供了更加明晰且具体的数据,如图5-1所示。

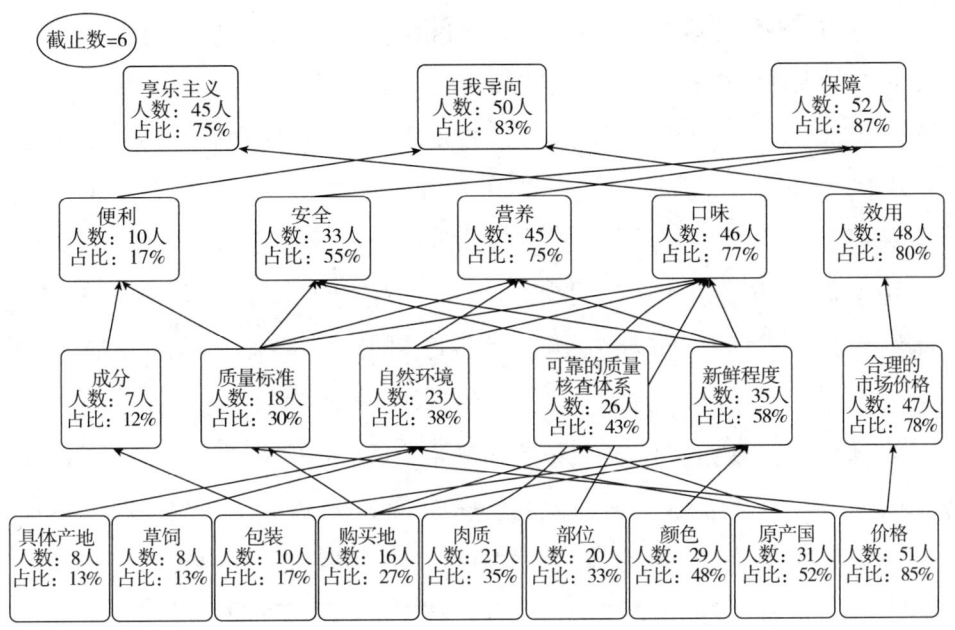

图 5-1 牛肉的认知层次价值

获取保障是促使受访者仔细考量牛肉各属性最重要的原因，而且这种保障是基于食品营养和食品安全两方面的考量。受访者认为，牛肉的营养价值取决于其新鲜程度、生长时的自然环境和相关的质量标准，这些因素与相关属性如价格、颜色、原产国、购买地、是否草饲、包装和具体生产地域密切相关。牛肉的安全性则取决于牛肉的新鲜程度相关质量标准和质量核查体系，这三方面可以通过牛肉价格、颜色、原产国、购买地、包装得以判断。为确保牛肉的安全和营养水平，30%的受访者倾向于支付"合理的市场价格"（"贵的牛肉不一定好，但是便宜的牛肉一定不好"），27%的受访者则倾向于在超市购买牛肉（超市有自己独特的质量检验系统/进货体系），还有接近一半的受访者（29

人）声称颜色可以用来判断牛肉的新鲜程度，超过一半的受访者（31人）则认为进口牛肉比较安全，因为国外有更可靠的食品核查体系（31个受访者中的24个）和更好的自然环境（31个受访者中的18个）。除却食品安全和营养保障之外，享受食品也是受访者仔细考量牛肉各属性的重要原因。对于受访者来说，购买牛肉并不像猪肉那么频繁/日常。因此，在西方消费习惯的影响下，他们也逐渐学会分辨和享受牛肉各个部位所带来的不同口感。就像一位受访者所说的那样，"买牛排对我来说并不容易，因为不同的部位有不同的口味。原产国也对口味有一定影响。我想逐一尝试"。对于注重享乐主义的这些消费者来说，最重要的莫过于牛肉口感给他们带来的愉悦。因此，他们最关注新鲜程度（牛肉颜色）、牛肉部位（西冷、菲力、眼肉等）、肉质（是否鲜嫩）、产地的自然环境（原产国、具体产地、是否草饲）以及价格（越高意味着质量越好）。其中，38.3%的受访者声称进口牛肉味道比国产的好。有趣的是，受访者不仅认为来自特定国家（如澳洲和新西兰）的牛肉可能更加美味，而且来自中国某些省份（如内蒙古和新疆）的牛肉也比国内其他产区的牛肉更加美味。8个受访者（13.3%）因此也青睐国内特定产区的牛肉。值得注意的是，价格是被调查者形成牛肉质量感知时最关注的属性。"合理的价格范围"是47个受访者（78%）认为高品质牛肉的质量指标。他们指出，牛肉自有其价格范围，低于此价格则是质量低劣的表示。但受访者对于"合理的市场价格"有多种理解。购买频率较低的受访者能够接受高于市场价格100%以上的"优质牛肉"，而购买频率较高的受访者则表示只能接受高于市场价格10%~50%的"优质牛肉"。对市场"合理价格"理解的不同被消费者认为是受到个人因素如收入、购买频率、购买习惯等影响的。

总体来看，牛肉质量的感知是一个个人问题。这不仅因为多达10个属性被受访者提及，而且源于自我导向价值在判断牛肉质量时所起的作用被高达83%的受访者认同。他们经常提及"基于购买经验的合理价格""对品味的个人偏好"和"我对品质的判断基于我的经验"。换句话说，受访者对牛肉质量的判断很大程度上基于个人体验/判断而非其他。但同时也应看到，对于超过一半的受访者来说，进口牛肉更健康、更安全、口感更好（基于质量核查体系和自然环境）。他们也愿意为此付出高出国产牛肉市场价格10%~100%的溢价。

2. 婴幼儿配方奶粉

2008年，中国婴幼儿配方奶粉受到三聚氰胺污染的事件极大程度上引发了中国消费者在奶粉方面的安全意识。虽然受访者中有高达23.3%的人群从未购买过婴幼儿配方奶粉，36.7%仅在过去常常购买婴幼儿配方奶粉（如今孩子已经长大，不需要购买），只有40%目前还在购买婴幼儿配方奶粉，但无论是否有购买经验，85%的受访者倾向于为他们的孩子/孙子购买进口婴幼儿配方奶粉。10%的受访者并没有表现出他们对进口/国产的特别偏爱，但只有5%的受访者表明他们偏向于购买国产婴幼儿配方奶粉。70%的受访者甚至声明他们只会购买从发达国家进口的婴幼儿配方奶粉，因为发达国家有较好的自然环境和较可靠的质量检验体系。33.3%的受访者在朋友的影响下对进口婴幼儿配方奶粉有更严格的要求，他们只愿意购买某些发达国家（澳大利亚、新西兰、德国和荷兰）的产品。在解释受访者对进口婴幼儿奶粉偏好的背后机理时，HVM提供了更加具体和详尽的数据，如图5-2所示。

变化中的中国食品市场

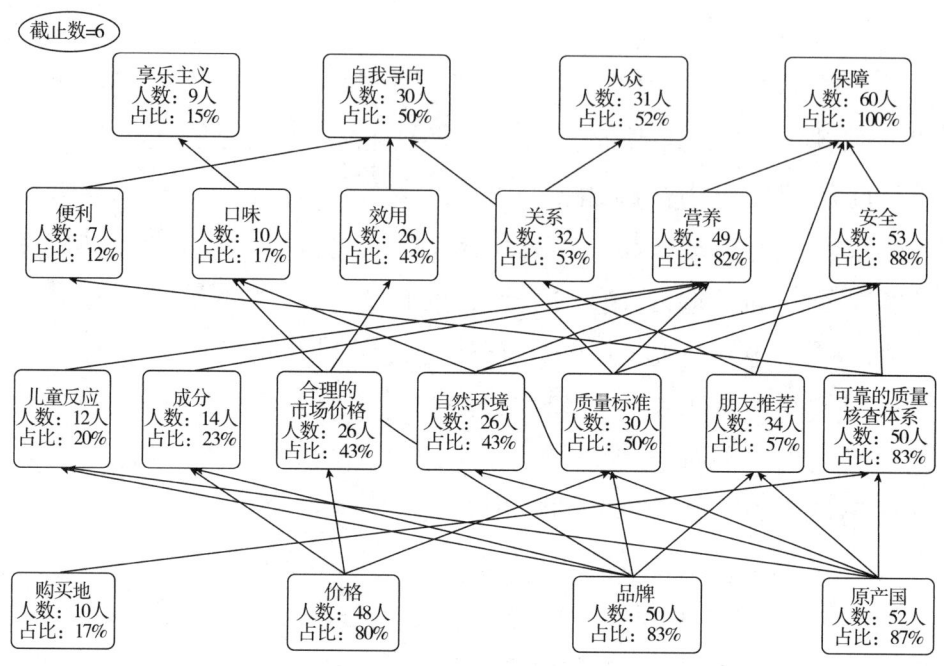

图 5-2 婴幼儿配方奶粉的认知层次价值

婴幼儿配方奶粉的 HVM 再次表明,获取保障是影响受访者质量感知最重要的个人价值。所有受访者都将他们关注的各项产品属性与食品安全和/或食品营养联系起来。本研究中其他两个产品类别(牛肉和红酒)都没有在保障价值上受到如此高的关注。对于受访者来说,婴幼儿配方奶粉的安全性与严格的质量标准、可靠的质量核查体系和优良的产地自然环境有关。而婴幼儿配方奶粉的营养性则与严格的质量标准、优良的自然环境、相关配方和婴幼儿对产品的反应(是否爱喝,饮后是否会拉稀等)有关。值得注意的是,受到如此高关注度的安全性和营养性却仅与四个产品属性(原产国、品牌、价格和购买地)相关联。这表明大多数受访者对于婴幼儿配方奶粉的购买行为可能是一种典型的例行购买行为（Routine Buying）①。而在寻求保障的过程中，80%以上的受访者都将原产国与食品安全和/或营养直接关联。他们普遍认为西方发达国家所产的婴幼儿配方奶粉在食品安全和食品健康方面能对婴幼儿提供更多保障。同时，与牛肉相比，从众心理对受访者在婴幼儿配方奶粉方面的质量感知影响很大。受朋友和各种媒体影响，购买国产奶粉和不知名品牌都被认为是"不合时宜"的行为，显示出父母对子女的疏忽。就像两位受访者解释的，"每个人都购买知名品牌的进口婴幼儿配方奶粉，除非你没有钱来支持你的购买行为，否则没有理由购买国产奶粉"和"孩子比成年人的健康更重要（成年人抵抗力好），我会尽我所能为我孩子提供最好的产品"。超过一半的受访者表示他们经常与他人讨论各自的购买经验，也时常和身边有相似需求的朋友一同网购或找一位海外代购者大量购买某一品牌奶粉。这一行为模式在加强他们对某一特定品牌/某一特定国外产地认同感的同时也使他们获得了社会认同感并加强了和朋友的联系。就像两位受访者说明与朋友一同购买的原因时道，"我并不了解婴幼儿奶粉，只知道国产奶粉的问题重重。我和朋友一起讨论分析购买何种婴幼儿奶粉比较好，然后一起购买数箱来分拆。我觉得这是对我小孩比较负责任的行为"和"每个人都知道国内的婴幼儿配方奶粉是不安全的。当我怀孕的时候，我就开始和我的同事讨论哪些进口品牌更好以及如何购买的相关问题……上一次我们就一起购买了12箱奶粉……购买奶粉实际上已经是我和朋友之间的日常话题了"。50%的受访者也提到了与效用和便利相关的自我导向价值对他们判断婴幼儿配方奶粉质量时的影响。对于受访者来

---

① 对于所购物品已经有明显偏好，以致在购买中只需要做少量决策的购买行为。

说，价格不仅仅是效用（衡量是否"物有所值"），而且更是一个质量指标。它与配方成分和质量标准都直接关联。虽然价格高的产品质量不一定好，但是价格低的产品质量一定有问题。因此，43%的受访者心目中都有一个"合理的市场价格"。他们会在这个价格范围内选择合适的产品满足他们的需要。与自我导向价值相关的还有便利性。对于受访者来说，购买特定品牌进口婴幼儿奶粉并不容易。由于市场假货横行（目前市场上质量核查体系的问题），他们必须找到可靠的渠道进行"真货"的购买。12%的受访者提到他们常常购买超市/专业母婴连锁店出售的进口品牌产品（方便，但受超市进货的限制有时可能要放弃原定品牌的购买）。少数（4个）购买者还提及他们依靠可靠的海外代购以直接从其他国家购买品牌产品。当然，采用何种渠道和如何判断"真货"也是一个与受访者个人收入、社会网络和购买经验相关的变量。此外，有15%的受访者喜欢品尝所购婴幼儿配方奶粉或同一品牌的普通奶粉，以评估其宝宝的食用偏好，而不是仅仅依靠观察宝宝的反应来推断。就像一个受访者说的，"我儿子的偏好应该和我一样"。这一情形反映了口味已经成为推动中国消费者婴幼儿配方奶粉质量感知的重要因素。他们认为，只有婴幼儿爱吃的奶粉才是促使婴幼儿健康成长的好奶粉。

  婴幼儿配方奶粉是一个有趣的案例。首先，它表明了中国国内食品市场中存在呼声极高的食品保障需求。60名受访者中仅有3人[①]倾向于选择国产产品。其主要原因就在于受访者对国内相关质量标准和审核体系的不信任以及对国内自然环境的忧虑。其次，从众心理在婴幼儿配方奶粉的质量感知中起着重要作用。这

---

① 此3人中有2人的职业与国产婴幼儿奶粉的供应链相关。他们因此认为国产奶粉的安全和营养方面并不值得担忧。

意味着婴幼儿配方奶粉购买行为会产生一定的社会后果。对于受访者来说，他们和朋友一起对婴幼儿配方奶粉进行选择可以增强他们的社会联系。这也使在中国婴幼儿配方奶粉市场上进行大量宣传成为必要。再次，独生子女政策在中国已经实施30多年。虽然近期有所调整，但对于大部分受访者来说，唯一的子女依旧是家中最重要的人，儿童应该得到所有最好的产品已经成为许多中国人的统一认知。故此，尽管高达43%的受访者意识到价格与质量之间没有直接联系，但他们更愿意购买价格"不低"的产品以在保障产品质量（营养和安全）的同时展示他们对子女/孙子女的关爱。最后，口味已经成为消费者在形成产品质量感知时的一个驱动性因素。这将促使生产企业去考虑是否能通过生产同一品牌的口感上佳的成人奶粉去推动婴幼儿奶粉的销售。

3. 红酒

与其他两类产品相比，受访者对红酒感知十分复杂。首先，红酒的购买频率极低，大部分受访者表示他们会偶尔饮酒（白酒或啤酒）但非红酒。82%的受访者（49人）表示他们极少饮用红酒，5%的受访者（3人）表示他们每周饮用红酒的次数少于1次，8.3%的受访者（5人）表示他们每周饮用红酒的次数为1~2次，仅有5%的受访者（3人）每周饮用红酒次数超过3次。这与新华社的数据——2016年中国人均饮用红酒仅有1.34升相一致。其次，受访者指出他们购买红酒有三个主要目的，即自饮、聚会饮用和作为礼物赠送。45%的受访者（27人）有购买红酒自饮的经历，55%的受访者（33人）有为聚会购买红酒的经历，50%的受访者（30人）有购买红酒作为礼物的经历。最后，虽然进口红酒是最受受访者欢迎的选择，但在不同用途中他们的偏好是不同的。27位购买过红酒自饮的受访者中的13位

（48.1%）喜欢购买进口红酒，5位（18.5%）表示并不在乎是否进口，其余9位（33.3%）受访者则偏向于选择国产红酒。而33位在聚会中购买过红酒的受访者中的20位（60.6%）喜欢进口红酒，8位（24.2%）表示并不在乎是否进口，其余8位受访者（24.2%）则偏向于选择国产红酒。30位购买过红酒作为礼物赠送的受访者中的19位（63.3%）喜欢购买进口红酒，尤其是法国产红酒，6位（20%）表示并不在乎是否进口，仅仅5位受访者（16.7%）偏向于选择国产红酒。在了解受访者在不同情境下的质量感知和不同偏好时，HVMs提供了更加详尽和全面的数据，如图5-3、图5-4和图5-5所示。

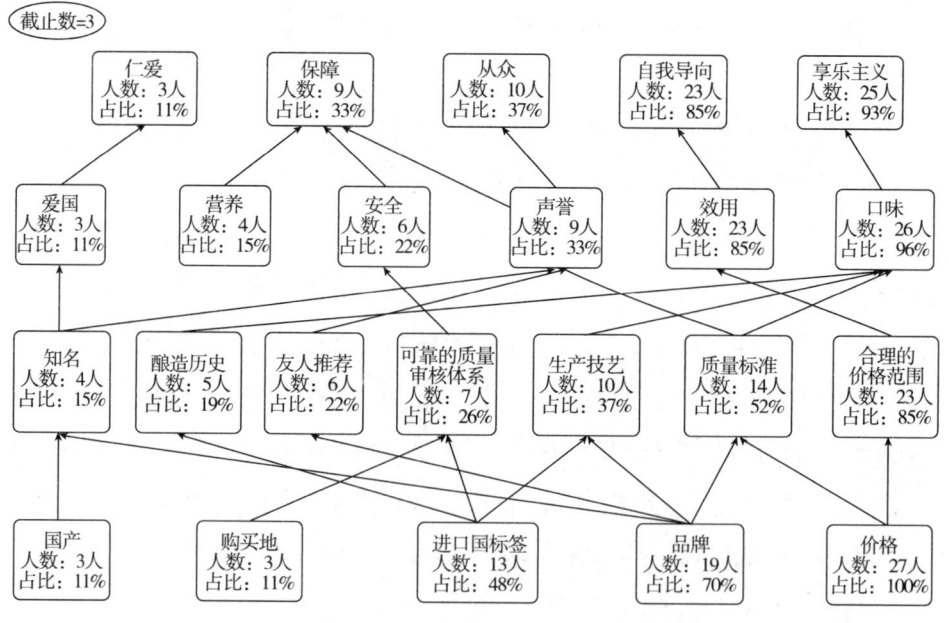

图5-3 自饮红酒的认知层次价值

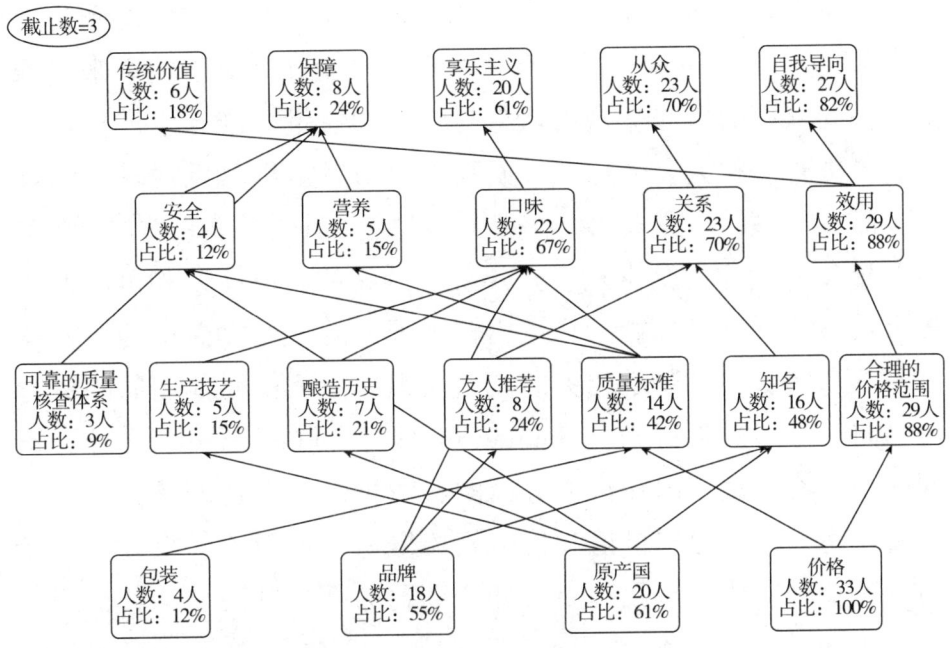

图 5-4 聚会用红酒的认知层次价值

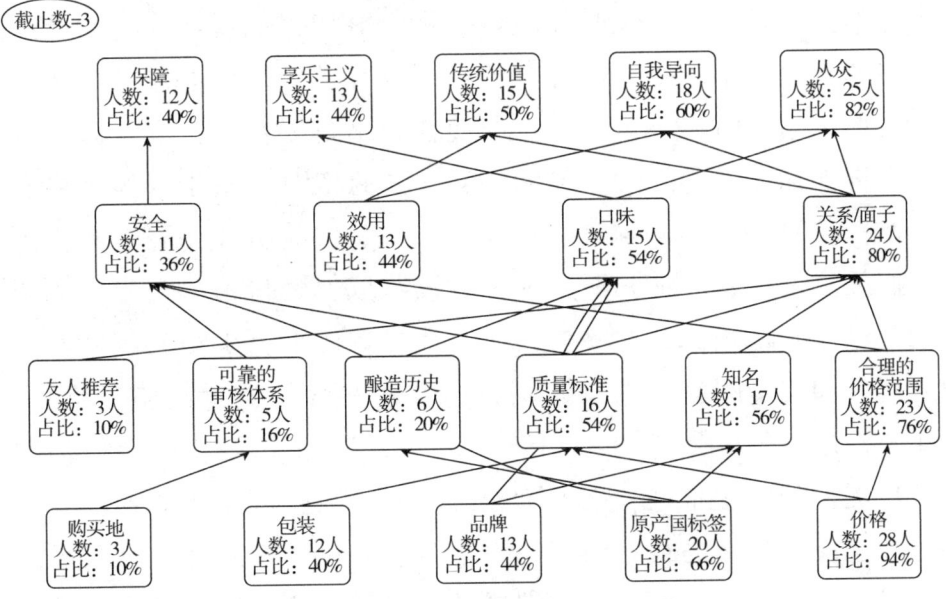

图 5-5 送礼用红酒的认知层次价值

驱使受访者购买红酒自饮的最主要动力是享受，27位受访者中有25位（92.59%）提及享乐主义。享受红酒对于他们来说等同于享受红酒的口味，这被认为与红酒的质量标准、生产技艺和酿造历史直接相关。而这三方面则被受访者指出可以通过红酒价格、品牌、原产国标签来进行判定。其中，13位受访者（48.15%）表示，悠久的生产历史，独特的生产技艺和可靠的质量审核系统使进口红酒的味道相较于国产的更好。简单的指标体系不仅表明受访者缺乏相关的红酒知识，而且说明他们的购买行为趋向于例行购买行为（Routine Buying）。除享乐主义之外，不同的受访者也表现出在价格方面的自我导向。有趣的是，对于受访者来说，自我导向价值和价格相关但与口味无关，只有一位受访者提及对口味的自我判断（知道葡萄品种与红酒口味直接相关且对葡萄品种有一定认识）。事实上，20位受访者（74.07%）承认，他们不知道好的红酒应该具有何种口味，因此偏向于使用价格指标来判断口感及其他质量指标。譬如，低价始终与糟糕的口感和食品安全问题（如化学添加剂）相关。从众心理在分析受访者质量感知时也不可忽略。即使在私下自饮，37%受访者仍倾向于选择知名品牌红酒。他们认为知名的品牌（基于媒体传播和朋友推荐）是质量的保证。此外，只有9位受访者（33%）提到他们关注价格、品牌和原产国标签以获取保障价值。与牛肉和婴幼儿配方奶粉相比，这些自饮红酒消费者似乎更少担心红酒产品的营养和安全问题，进口红酒在这方面并没有显示出明显优势。此外，还有3位受访者（11%）表示，爱国主义（仁爱价值取向）促使他们更愿意选择国产红酒。与其他HVM图相比，爱国主义仅仅在此被提及。国产红酒的低风险和某些品牌（如长城和张裕等）的高知名度可能是造成此情况的主要原因，就像一位受访者指出的那样,"我更愿意购买国产红酒来支持国内经济……国内生产的红酒(质量)没有什么可担心的,特别是知名品牌厂商生产的产品"。

在聚会中,27位受访者(82%)主要基于自我导向价值,通过价格来评判红酒质量。这说明中国中等收入消费者在为聚会购买红酒时对价格很敏感,但这并不意味着价格越低越好。事实上,33名受访者(100%)表示,价格是判断红酒口味、安全和营养/健康的一个关键性指标,值得仔细考量。由于受访者都认为价格和质量之间并没有线性关系,他们更倾向于在自己的价格体系认知中为不同目的的聚会选择不同价格的红酒。从众心理也是受访者认为会影响他们选择聚会用红酒的主要原因。33位受访者中有23位(69.7%)认为,聚会可以增强人际关系,因此他们应该选择法国等知名产地的红酒或知名品牌的红酒以表示他们对"关系"的重视程度。在调查中发现,受各种媒体影响,法国红酒已成为受访者的首选。有17位受访者(51.5%)愿意为聚会选择进口红酒,其中15位偏向于选择法国红酒,另外2位则偏向于选择其他产地红酒中的知名品牌,如澳洲的Penfold等。享乐主义也被高达61%的受访者提及。与自饮情况一致,享乐主义主要与口味相联系。价格、品牌、原产国标签、包装都被受访者作为主要产品属性来判断口味。与自饮有异的是,包装在此被4位受访者提及。他们认为包装与质量标准相关联,进而可能对口味造成影响。由此可以看出,红酒的包装属性在中国中等收入人群的社会交往中起着一定作用。保障价值也被8位受访者(24%)提及。与自饮情况相同,红酒消费者很少担心红酒产品的营养和安全问题。但与自饮情况不同的是,价格、原产国、包装(而非品牌)在此用来作为判断食品营养和安全的属性。这表明，在承担一定的社会属性/功能时，品牌（特别是国产品牌）在消费者心目中的重要性较低。这与自饮中70%的受访者依靠品牌（特别是国产品牌）而在聚会饮品中只有55%的受访者依靠品牌（特别是国产品牌）来形成质量感知/判断质量相一致。最后，传统价值被6位受访者（18%）提及。传统价值在此与自我导向价值既相关又有区别。两种价值都与价格属性相联系。受访者有自己的价格高低判断标准（自我导向价值），但也指出所购红酒价格的高低与其对友人的重视程度也有联系（传统价值观）。就如一位受访者所说，"请客的话，总要给客人好的食品。否则，客人认为不受重视反而有损于大家之间的关系"。在此，价格在一定程度上就成为表示重视与否的一个指标。当然，也由于中国人奉行中庸之道，为避免"过犹不及"，过于贵重的红酒也被认为是不恰当的（除非在某些特殊场合）。在红酒承载一定社交功能的场合，传统价值观展现出被一部分受访者所重视的情形。

在选择红酒作为礼物时，受访者对产品的质量感知主要受从众、自我导向、传统价值、享乐主义和保障等个人价值的影响，进而关注价格、原产国、品牌、包装、购买地五个产品属性。首先，作为礼品的红酒被认为必须从收礼方的角度来考虑是否合适。换句话说，必须从大众认可的角度（从众）选择高品质的红酒产品来增进与收礼方的关系。大众认为好的红酒一般来说应该口味好（较长酿造历史和/或品牌产品）、在一定价格范围内（即使质量和价格并无线性关系）、知名品牌、高品质（包装也要好）、大家都认可（友人或媒体推荐）。这些与价格、原产国、品牌、包装和购买地等产品属性密切相关。其中，20位受访者（66.7%）表示，选择进口红酒是比较合适的，因为基于悠久的生产历史、高质量标准和可靠的质量审核体系,进口红酒的品质普遍优于国内产品。仅仅6位受访者(20%)认为是否进口不重要,因为国产品牌红酒质量一样很好,适合送给友人(与关系/面子相连)。而受媒体和友人影响,14位受访者(46.7%)更进一步表示,法国红酒是送礼的第一选择。值得注意的是,与自饮和为聚会而购买的红酒不同,包装属性在此被12位受访者(40%)提及,并也与关系/面子相连。与自饮和聚会用红酒的HVM图对比可以看出,当红酒承载越来越多社交属性的时候,包装和原产国标签的重要性也在逐渐增加。受访者解释道,"包装好的红酒一般质量较好,送礼也有面子……让人感觉这是经过精心挑选的",且"进口红酒一般质量都比较好……口感好而且送人也有面子"。国产品牌和原产国标签相比,在此处受关注程度就相对较低。其次,与价格属性挂钩的自我导向价值和传统价值也分别被18位(60%)和15位(50%)受访者提及。受访者认为,送礼用红酒的价格应该根据不同的目的而有所不同。这与中国的传统认知相关。同时,何为合适的价格范围却在不同的受访者之间有不同的认知。有的受访者认为送礼用红酒的价格上限应该为400~500元,而有的受访者则认为可以是上千元。其中一位受访者解释道,"送礼用红酒的价格不应当低,但也不应该超过我的收入水平让我负担不起"。实际上,价格范围的认知不仅受受访者收入而且受他们所受教育层次等方面的影响。具体影响程度将在后文的相关分析中加以剖析。再次,享乐主义价值也是受访者选择红酒作为礼物时的重要考量因素。30位受访者中有13位(43.3%)表示,红酒应该是美味的礼物。所以,他们根据价格、原产国、品牌来判断红酒的口味。有趣的是,大多数受访者认为法国红酒具有"传统而特殊"的口味。尽管他们不知道如何判断口味优劣，甚至不喜欢法国红酒这种"传统而特殊"的口味，但他们依旧认为这是他们个人的问题，懂得品酒的人士/他们的友人自然明白这种口味所能带来的愉悦性。最后，保障价值也影响受访者的质量认知。在这里，他们更多的是担心假冒产品的问题。因此，他们关注原产国标签的同时也注意包装和购买地等属性。他们认为国家印发的进口/原产国标签（仿造可能会带来相应的法律后果）、独特的包装（仿造成本可能提高）、采购地点（超市或可靠的互联网卖家可以提供渠道上的保证）都可以帮助他们得到相应保障。

总体来看，由于携带一定的社会功能，红酒的质量感知比其他两个产品类别更加复杂。首先，购买红酒时，消费者对于保障（安全和营养/健康）方面的考量较少，总体上看，60位受访者中只有23位（38.3%）提到这方面。这与红酒的假冒伪劣产品市场曝光度较低以及红酒购买频率较低有一定相关性。其次，承载社会功能越多，消费者在从众价值方面的考量就越多。27位自饮受访者中有10位（37%），33位聚会饮品受访者中有23位（69.7%），而30位送礼受访者中有25位（83.3%）受从众价值的驱使来形成红酒质量感知。最后，和牛肉和婴幼儿配方奶粉相似，受访者在选择红酒时也表现出对进口食品的偏好，尤其在红酒承担更多社会属性的时候。27位自饮受访者中有9位（33.3%）（其中3位声称受到爱国主义驱使选择国产红酒），33位聚会饮品受访者中有8位（24.2%），而30位送礼受访者中有5位（16.7%）偏向于选择国产红酒。在进口红酒在产品安全问题不甚严重的情况下，由于其酿造历史悠久、质量标准高、质量审核体系可靠且具有独特的生产技艺，被认为是比国产品牌红酒质量更加优秀的产品。

（三）属性评估和消费者细分

认知层次价值图有其一定的缺陷，各要素只显示频率而非权重，这会在很大程度上对数据做出错误的解读。例如，购物时价格虽然被消费者重视，但价格在他们购物决策中的权重却值得商榷。而且，案例间的横向比较很难在认知层次价值图中显示。此外，受访者个人/社会特征与质量感知/偏好之间的联系也难以通过认知层次价值图展示。故此，有研究者提出其他方法来进行数据分析以补足认知层次价值图的缺陷，如进行属性的权重和频率的描述统计分析以及依据消费者特征进行对应分析等（Grunert et al.，2001）。

为了克服认知层次价值图的局限性，设计问卷时，被访者在回答完有哪些属性会影响他们的质量感知后就被要求按照属性的重要性进行排序。作为阶梯式访谈的一部分，这个问题的答案提供了对属性偏好进行度量的基础。当然，为了更清晰地表述，与认知层次价值图的截止值相一致，属性偏好度量部分仅包含超过6名受访者提及的属性（红酒截止值为3），如表5-2~表5-6所示。

表5-2 牛肉属性偏好的描述性统计

	提及数	最小值	最大值	合计	平均值	标准误	标准差	方差
价格	51	1	5	162	3.24	0.150	1.061	1.125
原产国标签	31	1	2	41	1.32	0.085	0.475	0.226
颜色	29	1	5	57	1.97	0.213	1.149	1.320
肉质	21	1	5	61	2.77	0.207	0.973	0.946

续表

	提及数	最小值	最大值	合计	平均值	标准误	标准差	方差
部位	20	1	4	42	2.10	0.228	1.021	1.042
购买地	16	1	4	23	1.44	0.203	0.814	0.662
包装	10	1	5	28	2.80	0.327	1.033	1.067
具体产地	8	1	4	18	2.25	0.366	1.035	1.071
是否草饲	8	1	6	24	3.00	0.535	1.512	2.286

表5-3　婴幼儿配方奶粉属性偏好的描述性统计

	提及数	最小值	最大值	合计	平均值	标准误	标准差	方差
原产国标签	52	1	3	59	1.13	0.062	0.444	0.197
价格	48	1	4	134	2.79	0.103	0.713	0.509
品牌	50	1	4	100	2.00	0.081	0.571	0.327
购买地	10	1	3	21	2.10	0.277	0.876	0.767

表5-4　自饮红酒属性偏好的描述性统计

	提及数	最小值	最大值	合计	平均值	标准误	标准差	方差
价格	27	1	5	58	2.23	0.195	0.992	0.985
品牌	19	1	4	32	1.68	0.188	0.820	0.673
原产国标签	13	1	3	20	1.54	0.215	0.776	0.603
购买地	3	1	4	7	2.33	0.882	1.528	2.333
国产	3	3	3	9	3.00	0.000	0.000	0.000

表5-5　聚会用红酒属性偏好的描述性统计

	提及数	最小值	最大值	合计	平均值	标准误	标准差	方差
价格	33	1	4	66	2.06	0.148	0.840	0.706
原产国标签	20	1	3	31	1.55	0.153	0.686	0.471
品牌	18	1	3	26	1.44	0.145	0.616	0.379
包装	4	1	4	8	2.00	0.707	1.414	2.000

表5-6 送礼用红酒的各项属性描述性统计结果

	提及数	最小值	最大值	合计	平均值	标准误	标准差	方差
价格	28	1	4	59	2.36	0.199	0.995	0.990
原产国标签	20	1	3	34	1.62	0.161	0.740	0.548
国产品牌	13	1	3	21	1.91	0.211	0.701	0.491
包装	12	1	4	26	2.36	0.310	1.027	1.055
购买地	3	2	3	8	2.67	0.333	0.577	0.333

首先，在牛肉案例中，只有1位（1.6%）受访者使用多达6个属性来进行牛肉质量的感知/判断，10位（16.7%）受访者使用5个属性来形成产品感知/判断，剩余的49位（81.7%）受访者使用4个或更少的属性来选择产品。在婴幼儿配方奶粉案例中，只有9位（15%）受访者使用4个属性来形成产品感知/判断，而其余51位（85%）的受访者都使用3个或更少的属性来进行婴幼儿配方奶粉质量的感知/判断。在红酒案例中，只有10位（16.7%）受访者使用4个属性来形成对红酒的质量感知/判断，50位（83.3%）的受访者使用3个或更少的属性。这在说明消费者对于牛肉的知识和/或购买参与度高于其他两类产品的同时，也指明了婴幼儿配方奶粉和红酒购买过程中可能存在的例行购买行为。其次，通过表5-2~表5-6还可以看出，受访者在3个案例中对进口产品都显示出高于国产产品的偏好，即使潜在的风险（基于过去的媒体报道）、产品加工程度和承担的社会功能并不一致。值得注意的是，在红酒案例中，虽然HVM显示消费者仍然偏向于购买进口而非国产品牌红酒，描述统计中受访者却对进口标签和国产品牌的排序相近（排序得分相近）。这表明消费者对进口标签和国产品牌持有类似的偏好。但表5-4~表5-6也同时显示，原产国标签的重要性随着所承担的社会功能

的增加而加大，此结果与HVM的分析结果一致。此外，在所有3种产品类别中，价格的重要性最低（排序得分最高）。这一结果与HVM分析略有不同（3个案例中都有超过80%的受访者提及价格属性）。这说明价格并不是中国中等收入人群选择食品时的重要属性。尽管在食品购买过程中价格是引起消费者关注且用来形成产品质量感知的普遍性属性，但绝非决定性属性。事实上，绝大部分受访者都表示价格过低的食品意味着质量较差，因此一般不予以考虑购买。这一结果与李等（2014）的发现相似，也符合研究的设定，即中等收入人群并不是"价格敏感"的消费者。

为了从数据中进一步获得关于消费者感知的信息，对应分析（Correspondent Analysis）也被用来揭示受访者的社会人口特征与他们的偏好之间的关系。分析结果显示了年龄、受教育水平、收入、家庭结构和消费频率对偏好的显著影响。

1. 年龄

年龄和消费者偏好（进口产品、国产产品和无所谓）之间的对应分析显示（见图5-6），牛肉案例中年龄和消费者偏好之间的相关性并不明显，但在婴幼儿奶粉和红酒案例中（见图5-7～图5-8），与年龄较大的消费者（40岁以上）相比，年轻消费者（40岁以下）更愿意购买进口产品。年龄与偏好之间具有强烈的正相关关系（Pearsonr = 0.001）。这种情况的产生可能与中国爆发食品安全问题的时间（三聚氰胺事件等）和消费者对精加工产品缺乏相关知识（牛奶和红酒案例中仅使用4～5种属性形成质量感知）有关。大多数40岁以上的受访者在2008年之前为他们的宝宝购买了国内婴幼儿配方奶粉产品，因此对国产产品的正面印象仍然存在。正如一位45岁的受访者所指出的那样，"我认为国内产品不存在大问题，因为我儿子以前喝过国产奶粉，而我所有朋友都未提及过国产产品的任何问题……是的，2008年的食品危机是很严重的。但是，那是10年前的事情了。在过去的10年中我再未听说过有类似严重的问题被报道"。而与牛肉案例中年龄对偏好的影响并不明显相比，婴幼儿配方奶粉和红酒案例中年龄对偏好的影响应该与相关知识的贫乏有关。消费者利用10多种属性对牛肉进行质量感知/判断，进而形成自己的偏好。在此过程中，原产国标签对消费者的影响相比另两个案例来说较少，而一些直观的外在线索如牛肉的颜色和肌理等表现出一定的影响力。而用于婴幼儿配方奶粉和红酒质量判断的属性仅被消费者提及4~5种，这在一定程度上导致他们对原产国标签属性产生巨大依赖性，进而在相关分析中表示出强烈的正相关关系。

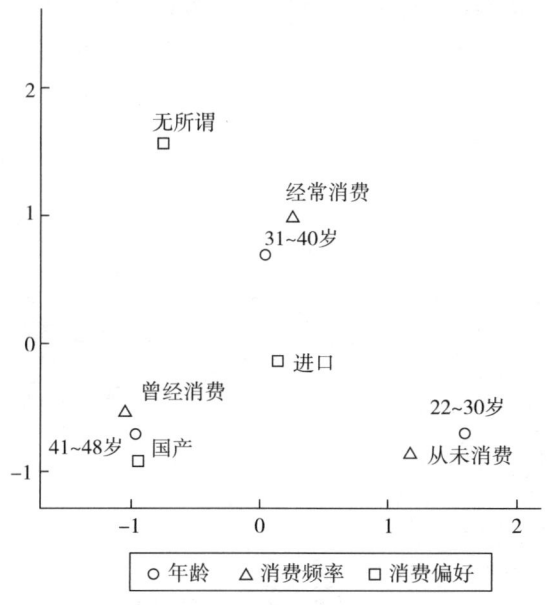

图5-6 消费者年龄和婴幼儿配方奶粉偏好的对应分析

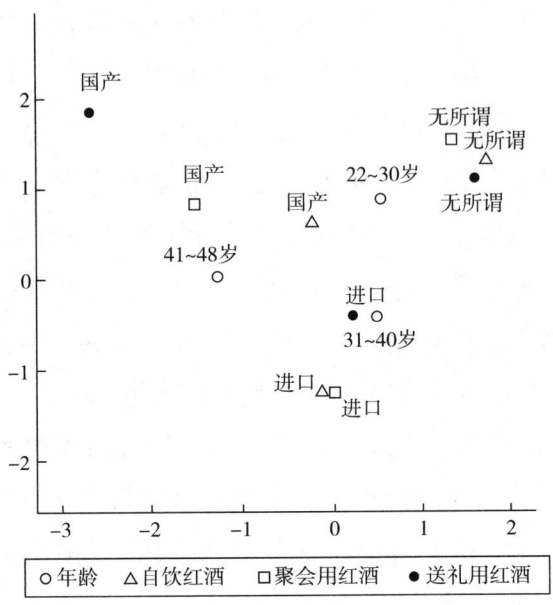

图 5-7　消费者年龄和自饮红酒、聚会用红酒以及送礼用红酒偏好之间的对应关系

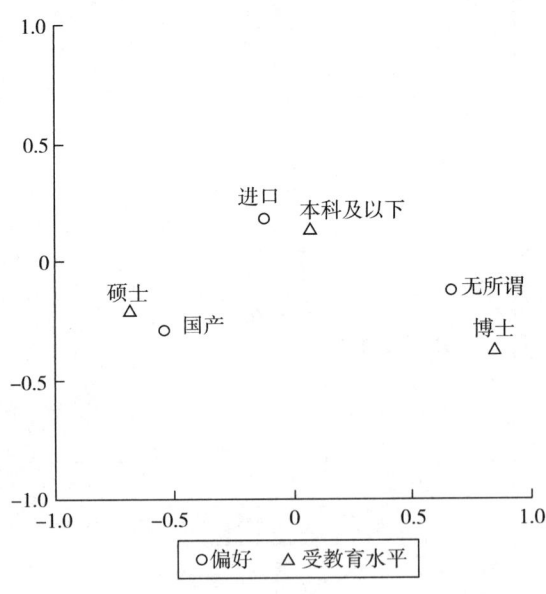

图 5-8　消费者受教育水平和牛肉偏好的对应分析

2. 受教育水平

数据显示，受教育水平是影响消费者产生牛肉原产地偏好的重要因素，如图 5-8 所示。持有本科及以下学历的消费者倾向于购买进口牛肉，而具有更高学历的消费者则倾向于购买国产牛肉。与其他两个案例未在受教育水平上显示出明显产地偏好的情况相比，可能的解释是低学历的消费者会依靠更少的属性（依赖于原产国标签）来选择牛肉，而具有更高学历的消费者则倾向于使用更多的属性来做出质量判断和购买选择。例如，一位博士受访者就提到，"进口牛肉就一定好么？长途运输后再解冻能否保持口感、营养甚至菌落是否达标都值得商榷……所以我需要自己观察牛肉的颜色和肉质来进行综合判断"，而一位本科学历受访者就认为，"家中经常买牛肉给小孩吃，这对他的身体有好处。你知道，国产牛的生长环境不好而且国产牛肉质量检测也并不可靠，病死牛拿来售卖的问题难以避免。一般来说，我都会去超市购买进口牛肉"。这与许多以前的研究（Krystallis et al., 2008; Turrell & Kavanagh, 2006; Verbeke & Vackier, 2005）指出受教育水平在很大程度上影响消费者的购买行为相一致。

3. 收入

受访者收入对红酒偏好的影响比其他两个案例更为显著。图 5-9 显示每年收入在 80000～160000 元的受访者对进口产品的偏好比较低和较高收入受访者更加明显。其中可能存在的原因主要有两个。首先，国产和进口红酒价格差别极大。进口红酒价格可达数百元至数千元一瓶，而一般国产品牌红酒价格常常为几十至两百元。这使消费者在决定购买不同用途的红酒时常常依据他们的收入水平做出相应衡量。收入较低的受访者偏爱国产红酒，收入中等的受访者偏爱进口红酒，收入较高的受访者则没有明显偏好。这个结论也与 HVMs 的分析一致。不同收入的消费者有其对于"合理价格范围"的自我判断。就如一位为聚会购买红酒的低收入受访者解释道,"和朋友们的聚会有时会买红酒,主要是为女士准备的……是否进口没有关系,国产、进口都差不多,国产品牌红酒也挺好喝的……太贵的也不合适,朋友之间的聚会,国产品牌红酒不论价格还是档次都可以"。其次,相对而言,牛肉和婴幼儿奶粉案例在收入和偏好之间的相关性表现得较不明显。究其原因,应与购买频率和潜在风险程度有关。风险程度低,则选购国产食品可能性大。购买频率低,则可承受相应高价格。①

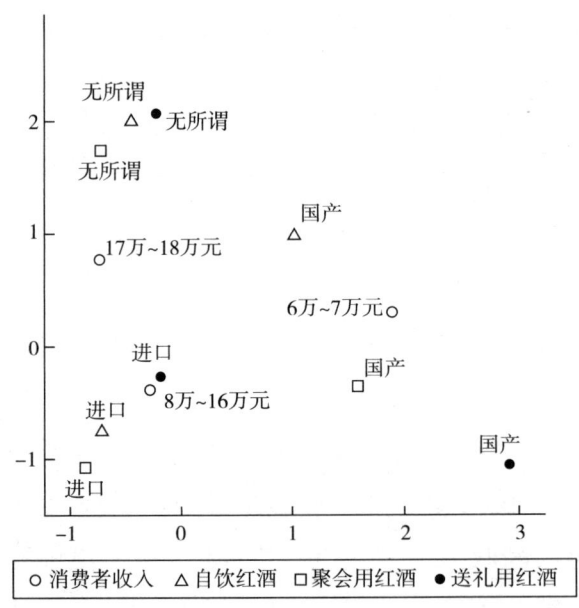

图 5-9　消费者收入和自饮红酒、聚会用红酒以及送礼用红酒偏好之间的对应关系

---

① 牛肉案例中,购买频率较高。婴幼儿配方奶粉案例中,潜在风险大。故此,收入和消费偏好的相关性并不如红酒案例明显。

就如一位中等收入自饮者解释道,"我会在家里备一瓶红酒自饮……当然进口的感觉很好……虽然我不太懂品酒,但是买法国进口的红酒总不会错,全世界知名……喝得少,即使价格贵一点也可以的,主要是味道肯定更好"。

4. 家庭结构

在3个案例中,家庭结构都对产品偏好表现出一定影响,如图5-10所示。对进口产品的偏好都位于图的左下方与家庭中包含3人(父母+一个孩子)的情形相对应,而对国产产品的偏好主要位于图的右边与家庭中包含4人或4人以上(父母+一个或两个孩子+爷爷和/或奶奶)的情形相对应。在访谈中虽然受访者很少提及家庭中长辈对食品偏好的影响,但联系年龄方面的对

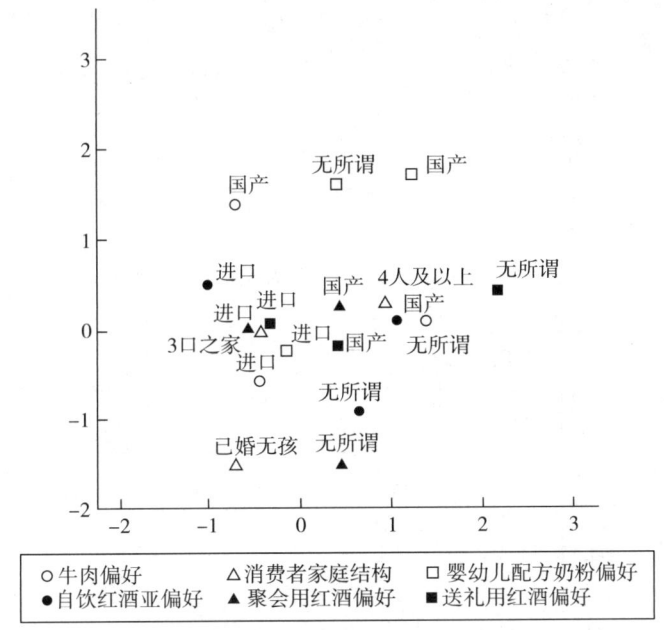

图5-10 消费者家庭结构和牛肉、婴幼儿配方奶粉、自饮红酒,聚会用红酒以及送礼用红酒偏好之间的对应关系

应分析以及 Robinson（2013）的研究可以认为，消费者食品购买的动机和所关注的属性总是受家庭中其他成员的影响。对国产食品持有正面看法的长者观点在一定程度上会影响一起生活的晚辈的看法。实际上，许多研究人员已经认识到年龄对认知结构的影响（Heckhausen et al.，2010；Robinson，2013），甚至提出"终身发展理论"，认为偏好在整个生命周期中会随着年龄的增长而改变。

5. 消费频率

牛肉和自饮红酒案例显示了购买频率与产品偏好之间的对应关系，如图 5-11 和图 5-12 所示。与其他产品类别相比，这两类产品承担更少的社会功能。故此，频繁的购买者更加倾向于购买廉价的国产牛肉和品牌红酒而非昂贵的进口产品。就像一位受访者所述，"我喜欢购买进口牛肉……我能承受的价格是比国产

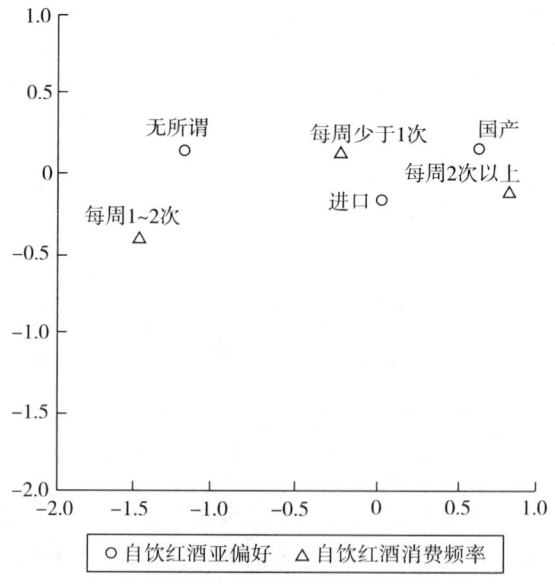

图 5-11 消费频率和自饮红酒偏好之间的对应关系

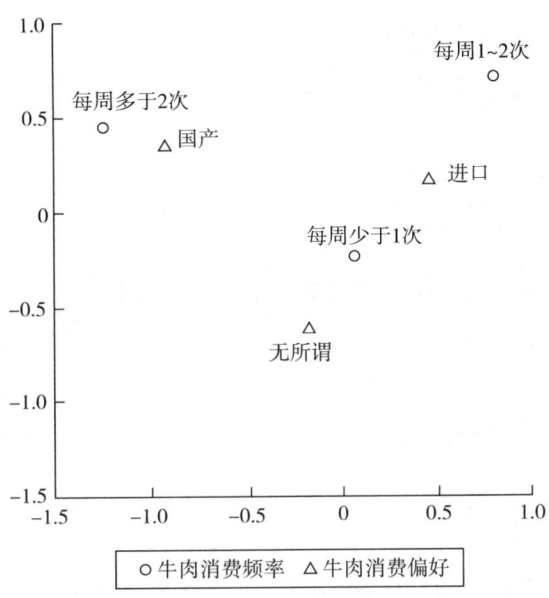

图 5-12 消费频率和牛肉偏好之间的对应关系

牛肉价格高出 10%~20%。否则,我的收入就不能负担经常的购买行为"。这显示出,与其他产品类别相比,这两个从众动机较小的产品比其他产品的价格敏感度更高。

  总体来看,属性排序和对应分析的结果显示出 3 个值得关注的方面。首先,受访者普遍对进口产品有所偏好,认为进口食品质量优于国产食品。虽然不同食品类别中消费者利用不同的属性对质量进行感知/判断,但原产国标签属性在其中所起的作用不可忽视。其次,一般来说,随着收入的上升,价格属性在消费者采购食品时的重要性减弱。这在中国中等收入消费者的购买过程中也表现得很明显。这些消费者不是传统意义上的"价格敏感者"。价格对于他们而言更多的是一个质量指标(价低质劣)。最后,食品承担的社会属性越多,则消费者越倾向于购买进口食品。在从众动机较低(承担社会属性较少)的情况下,消费者越倾向于购买国产而非进口食品。这进一步说明消费者认为进口食品质量理论上都优于国产食品的质量。

二、量化数据分析

（一）数据概况

量化分析数据来源于2018年2~3月在中国问卷星网站进行的480人次的问卷调查，如表5-7所示。共有4份问卷在调查中被使用（问卷的第二部分选项有差别），每份问卷有120位中等收入者（年收入6万~18万元）参与调查。样本中有190位男性（39.6%）和290位女性（60.4%）。在回答是否为家中主要食品购买者时，280位受访者（57.3%）选择是家庭主要食品购买者，而剩余200位受访者（42.7%）选择不是家庭主要食品购买者。受访者年龄为24~55岁，平均年龄为34.5岁。其中，24~30岁的受访者150人（31.3%），30~40岁的受访者220人（45.8%），40~50岁的受访者110人（22.9%）。10人（2.1%）仅具有高中（或中等专业技术学校）学历，160人（33.3%）具有大学或大专学历，170人（35.4%）具有研究生学位，剩余的140人（29.2%）具有博士学位。样本总体偏向于具有高等教育水平的30~40岁人群，这也是中国中等收入群体的特征（艾瑞咨询，2017）。而传统上的低收入人群、养老金领

表 5-7 量化研究中被访谈者的人口学特征

	频率（人）	占比（%）
性别	女性：290 男性：190	女性：60.4 男性：39.6
主要食品购买者	是：280 否：200	是：57.3 否：42.7
年龄（平均 34.5 岁）	24~30 岁：150 31~40 岁：220 41~50 岁：110	24~30 岁：31.3 31~40 岁：45.8 41~50 岁：22.9
受教育程度	高中学历（包括技术学校）：10 本科学历：160 硕士学位：170 博士学位：140	高中学历（包括技术学校）：2.1 本科学历：33.3 硕士学位：35.4 博士学位：29.2
年收入	6万~7万元：100 7万~12万元：190 12万~16万元：130 16万~18万元：60	6万~7万元：19.8 7万~12万元：39.6 12万~16万元：27.1 16万~18万元：12.5
出国经历	有：290 无：190	有：60.4 无：39.6
家庭结构	有小孩：190 有老人：270 小孩和老人均无：120	有小孩：39.6 有老人：56.3 小孩和老人均无：25

取者和非专业人员也因此被排除在调查之外。所有调查参与者都来自城镇地区，没有来自农村地区的样本。产生这种情况的可能有两个原因。首先，样本通过滚雪球抽样法发放。所有种子都来自城镇地区，这使调查本身具有一定的偏差。其次，样本通过问卷星发放。受访者只能使用手机或者电脑填写问卷。这在一定程度上使高学历的人群才有填写问卷的可能性/兴趣。而高学历人

群一般来自城镇地区。① 样本人群中年收入为6万~7万元的为100人（19.8%），年收入为7万~12万元的为190人（39.6%），年收入为12万~16万元的为130人（27.1%），年收入为16万~18万元的为60人（12.5%）。他们中有190人（39.6%）没有国外生活经验，而另外的290人（60.4%）有国外生活经验（如短期旅游等，其中有5人有超过一年的外国生活经历）。受访者家庭人数平均为3.7人，家中平均有小孩0.8人，有年长者（60岁以上）1.2人。其中，家庭中有小孩的受访者为190人（39.6%），有老人的受访者为270人（56.3%），小孩和老人均无的受访者为120人（25%）。

与质化研究相比，本次量化调查人口比例中，女性人口数稍低于质化研究中样本的男女比例（38.3∶61.7）。人口平均年龄为36.7岁，也稍低于质化研究中样本的平均年龄（36.2岁）。与中国统计局（2017）数据（中国总体人口样本）相比，本次量化调查中家庭人数高于中国平均家庭人口数（3.11人/户），人均收入也偏高（全国城镇就业人员平均工资为67569元）。

所有被收集的数据都在SPSS中进行编码，然后问卷调查中第二部分的数据被导入Nlogit 5软件进行分析。在测试不同的编码方式之后（Effect Codding和Dummy Codding），Dummy Codding编码由于其便于解释的特性②，最终被采用。所有的数据都在Nlogit 5软件中进行MNL、ML和CL等离散模型的拟合，以选取最具有显著性的离散模型系数进行支付意愿的测算。

---

① 中国在2003年以前强制考入大专院校的学生必须迁移户口至大学所在地。换句话说，2003年前考上大学/大专的学生现今都是城镇人口。

② 支付意愿以国产食品为基准进行计算。

（二）数据分析

1. 牛肉

调查问卷的第一部分显示了被调查者牛肉购买习惯以及他们对被测量属性的认知。调查显示结果与质化研究相似。首先，中国消费者牛肉消费频率和消费量都较少。310位受访者（64.6%）每周消费牛肉在1次以下，130位受访者（27.1%）每周消费牛肉1~2次，40位受访者（8.3%）每周消费牛肉产品3次以上。总体而言，与质化数据相仿（其数据分别为71.7%、18.3%和10%）。此次量化问卷中还增加了关于消费量的问题。结果显示，150位受访者（31.3%）每月消费牛肉少于250克，160位受访者（33.3%）每月消费牛肉250~500克，其余的160位受访者（35.4%）每月消费牛肉500克以上。此数据高于我国城镇居民人均每月200克的水平（中国统计局，2018）。这表明样本中的受访者与总体样本相比更为经常购买牛肉。其次，样本中有210位受访者（43.8%）有进口牛肉的购买经验。对于受访者来说，他们对于牛肉是否进口表现得并不关切，因为在随后的李克特7级量表中，原产国标签的重要性得分只有4.5分（最高分为7分）；价格和渠道（购买地为超市或农贸市场）的重要性得分最高，皆为5.2分；包装（盒装或散称）的得分最低，为4.3分。这与质化研究的结论有出入。在质化研究中有超过50%的受访者表示他们更倾向于购买进口牛肉产品（有原产国标签）而非国产牛肉。

受访者的离散选择数据在录入软件后发现，只有MNL模型中的系数表现出统计上的显著性，且和实际情况拟合得较好。具体数据如表5-8所示。

表5-8 牛肉 MNL 模型结果

类别	系数	标准误差	z值	|z|>Z*	95%置信区间	
巴西	-2.90811***	1.05371	-2.76	0.0058	-4.97333	-0.84288
美国	-0.91512*	0.50511	-1.81	0.0700	-1.90510	0.07487
澳大利亚	0.53732*	0.37067	1.45	0.0772	-0.18918	1.26382
价格为63元	0.36484	0.48781	0.75	0.4545	-0.059124	1.32093
价格为84元	-0.68967*	0.48489	-1.42	0.0849	-1.64003	0.26070
超市销售	0.98741***	0.34594	2.85	0.0043	0.30938	1.66544
盒装销售	0.98044***	0.36734	2.67	0.0076	0.26047	1.70042

注：***、*分别表示显著性在1%、10%的水平。

首先，在各项的固有效用参数（模型里的常数项）中，国产牛肉的参数被限制为0，价格42元/斤的参数被限制为0，农贸市场（渠道）的参数被限制为0，散称牛肉的参数被限制为0，所以这4项都从模型中去掉。其他项的参数是它们与为零参数之间的差异，是一个相对值。值得注意的是，负的参数值并不表示其价值是负的，只表示与参照项相比相差多少。而价格参数为负则表示价格提高时（其他项保持不变），相应产品的效用对于消费者来说降低多少，即价格越高消费者购买的可能性越低。其次，所有参数都显著区别于0。在模型的7个变量中，巴西牛肉的参数最低，表明在其他项保持不变的情况下，巴西牛肉的效用对消费者来说最低（不愿意购买）。参数最高的为超市销售，这表明在其他项保持不变的情况下，消费者愿意选择在超市而非农贸市场购买牛肉。所有参数中，只有牛肉价格为63元/斤的参数在统计上是不显著的，表明这个价格对消费者的购买行为没有显著的影响。相较于价格为84元/斤的参数来看，这个结果也可能说明63元/斤的价格相对于国产牛肉42/斤有一定程度的区别，但是区别还不够大。价格在这个范围内的提高未必会影响消费者决策（相对于其他因素，价格50%的提升并没有显著影响）。

进行模型参数估算的目的是计算消费者的支付意愿，由于采用 Dummy Codding 的编码方法，代入前文提及的支付意愿的公式 $WTP_K = -\dfrac{\beta_k}{\beta_p}$ 后，可以得出消费者对于巴西牛肉的支付意愿为 -4.22，美国牛肉的支付意愿为 -1.33，澳洲牛肉的支付意愿为 0.78，超市销售牛肉的支付意愿为 1.43，盒装牛肉的支付意愿为 1.42。首先，由于价格为 63 元/斤的参数在统计上并不显著，所以在计算支付意愿时并未计入。但这也说明在价格变化不大时（50%的变化），价格对消费者的购买决策影响并不大。其次，巴西牛肉和美国牛肉的支付意愿为负数。这表示在其他项不变的情况下，消费者认为巴西牛肉和美国牛肉的效用不如国产牛肉。消费者不愿意为其付出任何溢价。最后，参数表明，原产国标签与其他项相比，消费者为超市（购买渠道）和盒装（包装）所愿意支付的意愿更高。具体来说，消费者愿意为澳洲牛肉多付 32.76 元/斤，为超市销售的牛肉多付 60.06 元/斤，为盒装牛肉多付 59.64 元/斤。

量化数据在 MNL 模型中进行分析的结果表明，消费者并不愿意为进口牛肉支付过高溢价，甚至认为有些国家所产的牛肉不如中国牛肉。同时，他们更倾向于在超市购买盒装牛肉，并愿意为此支付高于原产国标签的溢价。这个结果虽然与质化研究结果有所出入（消费者最重视原产国标签，其次是购买渠道，最后是包装），但是却与问卷第一部分收集的数据相一致。两相印证表明数据可信度较高。出现这种情况的潜在原因将在第六章进行具体分析。

2. 婴幼儿配方奶粉

调查问卷的第一部分收集了消费者婴幼儿配方奶粉的购买习惯以及他们对被测量属性的认知的数据。首先,有140位(29.2%)受访者表示他们从未购买过婴幼儿配方奶粉,比质化研究中的比例(23.3%)略高。其次,有340位(70.8%)被调查者声称他们购买过进口婴幼儿奶粉。这个数据意味着所有购买过婴幼儿配方奶粉的消费者都购买过进口婴幼儿奶粉。最后,在此案例中,通过李克特7级量表测量的原产国标签的重要性得分为6.2分,仅次于品牌的重要性得分6.5分;渠道(购买地为超市或专业母婴店)的得分为5.4分;价格的得分最低,为4.9分。这与质化研究的结论有出入。在质化研究中的重要性排序顺序为原产地、品牌、购买地和价格。

受访者的离散选择数据在录入软件后发现,只有MNL模型中的系数表现出统计上的显著性,且与实际选择情况拟合得较好。具体数据如表5-9所示。

表5-9 婴幼儿配方奶粉MNL模型结果

类别	系数	标准误差	z值	|z|>Z*	95%置信区间	
巴西	-49.3910	0.3243D+11	0.00	1.0000	*******	*******
美国	0.20286*	0.73979	1.63	0.0540	-0.24711	2.65283
澳大利亚	0.57529***	0.62344	2.53	0.0000	1.35337	1.79720
价格为180元	0.04490	0.56303	0.08	0.9364	-1.05861	1.14842
价格为240元	0.17074*	0.51756	0.33	0.0741	-0.84365	1.18514
超市	0.23675*	0.40868	0.58	0.0562	-0.56425	1.03774
品牌	0.54135***	0.52947	2.63	0.0000	1.41361	1.48909

注:nnnnn.D-xx or D+xx 表示乘以10得到-xx或+xx。***、*分别表示显著性在1%、10%的水平。

首先,在各项固有效用参数(模型里的常数项)中,国产婴幼儿配方奶粉的参数被限制为0,价格120元/桶的参数被限制为0,专业母婴店销售的参数被限制为0,未知品牌的参数被限制为0,所以这4项都从模型中去掉。其他项的参数是它们与为零参数之间的差异,是一个相对值。但负的参数值并不表示其价值是负的,只表示与参照项相比相差多少。而价格参数为正则表示价格提高时(其他项保持不变),相应产品的效用对于消费者来说增加多少,即价格越高消费者购买的可能性越高。其次,所有参数都显著区别于0。在模型的7个变量中,巴西婴幼儿配方奶粉的参数最低,表明在其他项保持不变的情况下,巴西产地的效用对消费者最低(不愿意购买)。参数最高的为澳大利亚产地,这表明在其他项保持不变的情况下,消费者愿意选择澳大利亚产地的婴幼儿配方奶粉。所有参数中,巴西产地和价格为180元/桶的参数在统计上是不显著的,表明这个产地(没有任何被调查者选择这一项)对消费者的购买行为没有显著的影响(相对于国产婴幼儿配方奶粉来说)。180元/桶的参数在统计上并不显著(相对于价格为120元/桶来说),说明180元/桶的效用相对于120元/桶的效用可能有一定程度的区别,但是区别还不够大。价格在这个范围内的提高未必会影响消费者决策(相对于其他因素,50%的价格提升并没有显著影响)。

进行模型参数估计的目的是计算消费者的支付意愿,由于采用Dummy Codding的编码方法,代入前文提及的支付意愿的公式 $WTP_K = -\dfrac{\beta_k}{\beta_p}$ 后,可以得出消费者对于美国产婴幼儿配方奶粉的支付意愿为 -1.18,澳洲产婴幼儿配方奶粉的支付意愿为 -3.37,超市销售的婴幼儿配方奶粉的支付意愿为 -1.39,品牌婴幼儿配方奶粉的支付意愿为-3.17，首先，由于价格为180元/桶的参数在统计上并不显著，所以在计算支付意愿时并未计入。这也说明价格变化不大时（50%的变化），价格对消费者的购买决策影响不大。其次，所有参数为正数表明，其他项不变的情况下，选择此项（美国产、澳洲产、知名品牌、超市购买）的可能性更大。换句话说，消费者在其他项不变的情况下，认为美国产婴幼儿奶粉的效用大于国产，且愿意为其多支付141.6元。而对澳洲产婴幼儿配方奶粉的支付意愿则更高，消费者愿意在其他项不变的情况下为其多支付404.4元。相应地，在其他项不变的情况下，消费者愿意为知名品牌多支付380.5元，超市销售多支付166.8元。最后，参数表明消费者为知名品牌和澳洲产地的支付意愿最高。同时，价格越高，消费者的支付意愿也越高。

量化数据在MNL模型中的分析结果表明，消费者对国产婴幼儿配方奶粉的购买意愿极低。即使价格降低，也不能够提升消费者的效用/购买欲。这与质化研究结论一致。消费者将价格看作质量指标，较低的价格意味着低品质。在忧心产品安全/营养的情况下（所有的被访者在参与质化研究时都表示他们担心此问题），消费者愿意付出高价以获得婴幼儿配方奶粉在这些方面的保障。因此，可以看到所有购买过婴幼儿配方奶粉的被调查者都声称他们购买过价格较高的进口婴幼儿配方奶粉。同时，消费者表现出他们购买意愿从高到低的排序为澳大利亚产、知名品牌、美国产和超市销售。这虽然与问卷第一部分的数据有稍许出入（原产国和品牌排序有异），但结合质化研究结果，此现象可能有两个合理的解释。首先，在媒体和友人影响下，很多消费者对国外婴幼儿奶粉品牌已经耳熟能详。对于他们来说，选择品牌的含义等于选择进口品牌，故此，他们更加看重国外知名品牌能够给他们带来多重保障。就如质化调研中一位受访者所说,"我不关注原产国。雅培就有美国产的和新加坡产的。我只要知道品牌是雅培就行了,它的质量标准应该是全球统一的"。其次,质化研究在最初对被访者陈述研究目的时候就说明本次调研是针对进口食品的。这可能在一定程度上对被调研者造成影响。故此,可以很清楚地看到,在量化调研的第一部分中原产国和知名品牌得分相似(6.2分和6.5分),第二部分中澳大利亚原产的支付意愿和知名品牌也相似(3.37和3.17)。购买渠道的支付意愿为1.39说明消费者相信超市的独特进货体系/质量监管体系能够给他们带来一定的保障。这也与质化研究结果一致。此外,数据还表明,消费者对澳大利亚产婴幼儿配方奶粉的支付意愿远高于市场实际价格(澳大利亚产婴幼儿配方奶粉的市场实际价格为200~300元)。这可能是由两个原因造成,消费者过于高估自己的消费意愿和基准市场价格过高(有部分在市场上售卖的国产无品牌奶粉低于120元)。

3. 红酒(送礼用)

选择送礼用红酒进行量化研究的原因在于质化研究发现,所有被调研产品中送礼用红酒承载最多的社会功能。这使用于送礼用红酒的购买行为与牛肉和婴幼儿配方奶粉的购买行为产生了明显的区别,并因此具有一定的代表性。

与前两种产品相似,调查问卷的第一部分收集了消费者对送礼用红酒的购买习惯以及他们对被测量属性认知的数据。调查结果与质化研究相似。首先,有160位(33.3%)受访者从未购买过红酒用于送礼,相比质化研究中50%的受访者从未购买过的比例略低。其次,有420位(66.7%)被调查者声称他们购买过进口红酒用于送礼。这个数据意味着所有购买过红酒用于送礼的消费者都购买过进口红酒。与婴幼儿配方奶粉一样,这个比例为

100%。最后，与婴幼儿配方奶粉一致，在李克特7级量表中，原产国标签的重要性得分为5.7分，仅次于品牌的重要性得分5.9分；包装（盒装）的得分为5.5分；价格的得分最低，为5.3分。这与质化研究的结论基本一致（质化研究中包装的重要性和价格相等）。

受访者的离散选择数据在录入软件后发现，只有MNL模型中的系数表现出统计上的显著性，且与实际数据拟合得很好。具体数据如表5-10所示。

表5-10 送礼用红酒MNL模型结果

类别	系数	标准误差	z值	|z|>Z*	95%置信区间	
阿根廷产	0.37007	0.75799	0.49	0.6254	-1.11556	1.85569
法国产	2.80424***	0.64690	4.33	0.0000	1.53635	4.07214
澳大利亚产	1.29492**	0.58603	2.21	0.0271	0.14632	2.44352
价格为180元/瓶	-0.073739*	0.40695	-1.81	0.0700	-1.53500	0.06021
价格为240元/瓶	-0.084806**	0.40763	-2.08	0.0375	-1.64700	-0.04912
知名品牌	1.88016***	0.40195	4.68	0.0000	1.09235	2.66797
盒装	1.14610***	0.40572	2.82	0.0047	0.35091	1.94130

注：***、**、*分别表示显著性在1%、5%、10%的水平。

首先，各项固有效用参数（模型里的常数项）中，国产红酒的参数被限制为0，价格120元/瓶的参数被限制为0，未知品牌的参数被限制为0，无特殊外包装的参数被限制为0，所以这4项都从模型中去掉。其他项的参数是它们与为零参数之间的差异，是一个相对值。但负的参数值并不表示其价值是负的，只表示与参照项相比相差多少。而价格参数为负则表示价格提高时（其他项保持不变），相应产品的效用对于消费者来说减少多少，即价格越高消费者购买的可能性越低。其次，所有参数都显著区别于0。在模型的7个变量中，价格为240元/瓶的参数最低，表明在其他项保持不变的情况下，高价格的效用对消费者最低（不愿意购买）。参数最高的为法国产地，这表明在其他项保持不变的情况下，消费者愿意选择法国产红酒。所有参数中，只有阿根廷产地的参数在统计上是不显著的，表明这个产地对消费者的购买行为没有显著的影响。值得注意的是，相对于价格为120元/瓶的价格参数来说，180元/瓶和240元/瓶的参数都很显著。这明显区别于牛肉和婴幼儿配方奶粉的数据，表明价格的提高必会影响消费者决策。

进行模型参数估计的目的是计算消费者的支付意愿，由于采用Dummy Codding的编码方法，代入前文提及的支付意愿的公式 $WTP_K = -\dfrac{\beta_k}{\beta_p}$ 中，可以得出消费者对于法国产红酒的支付意愿为3.8（参数基于180元/瓶）和3.3（参数基于240元/瓶）。消费者对于澳大利亚产红酒的支付意愿为1.76（参数基于180元/瓶）和1.53（参数基于240元/瓶）。知名品牌红酒的支付意愿为2.55（参数基于180元/瓶）和2.22（参数基于240元/瓶）。对于盒装红酒的支付意愿为1.55（参数基于180元/瓶）和1.35（参数基于240元/瓶）。首先，原产地、知名品牌和盒装的参数为正数表明价格越高，消费者购买可能性越低。其次，除价格外所有具有显著性的参数为正数表明，其他项不变的情况下，选择此项（法国产、澳洲产、知名品牌、盒装）的可能性更大。换句话说，消费者在其他项不变的情况下，认为法国产红酒的效用大于国产，且愿意为其多支付396~456元。而消费者对澳大利亚红酒的支付意愿则是在其他项不变的情况下为其多支付183.6~

211.2元。相应地，消费者将为知名品牌多支付266.4~306元，超市销售多支付163~186元。最后，支付意愿表明，消费者为法国产红酒的支付意愿最高。同时，价格越高，消费者的支付意愿越低。

量化数据在MNL模型中进行分析的结果表明，消费者对购买法国产红酒作为礼品赠送的意愿强烈，并将产地看作质量指标，这与质化研究结论一致。同时，消费者表现出其购买意愿从高到低的排序为法国产、知名品牌、澳大利亚产、盒装，这与问卷第一部分的数据基本一致（知名品牌、原产国、盒装）。对此细小差异存在的可能的解释是，消费者对于不同产地红酒的评价差异较大（这从MNL模型中澳大利亚产和法国产红酒之间支付意愿的差距也可看出）。盒装的支付意愿为1.55/1.35。这与质化研究一致，即送礼用红酒更关注包装。当然，研究结果也有三点值得注意。首先，和婴幼儿配方奶粉相似，消费者的支付意愿高于市场实际价格（法国产盒装红酒的实际价格为300~400元）。这可能是由于消费者过于高估自己的消费意愿造成的，也有可能是由于基准市场价格过高造成的（有一些无品牌无包装的国产红酒的价格低于120元）。其次，两个价格参数在数据分析时都很显著。虽然较高价格的参数更低（这说明随着价格的上升消费者支付意愿降低），但也在一定程度上造成理解上的不易。一些相似调查也因此在使用离散模型分析数据时将价格设为连续变量。最后，所有变量的参数在MNL模型中有较大区别，但在问卷第一部分的重要性得分中差距却很小（5.3~5.9分）。这可能表明受调查者在做第三个7级量表时有所倦怠。在将来的研究中，将此问题分散或者变成5级量表应该有所改善。

三、本章小结

此调研包含质化研究和量化研究两个部分,调研时间跨度将近一年。作为量化研究的基础,质化研究不仅梳理促使消费者购买进口食品的背后机理,而且为量化研究提供了参数选择方面的参考意见。虽然出于简化模型的考量,并不是所有质化研究中出现的参数都被纳入量化研究的范围,但是参数的选择因此具有一定的依据。当然也应该注意到,量化调研虽然在质化研究的基础上做出,但由于采访人群不同,有些数据就出现不甚一致的状况。而导致数据不一致的原因将通过质化研究和量化研究数据的横向对比进行具体分析,以对数据做更详尽的剖析。

第六章
质化和量化数据横向比较分析

质化研究和量化研究的分析结果表明,了解中国消费者对进口食品的感知和支付意愿并非易事。为了得出可信服的结论,本章将就两部分研究数据进行横向比较分析,总结出其中的一致性与差异性。

一、质化研究和量化研究的样本差异

此研究主要针对中国中等收入人群,亦即理论上进口食品的主要购买者。故此,被调查者在收入方面的限定较为严格,为6万~18万元/年。首先,相对质化研究中的受访者,量化研究中被调研人员的收入稍低,其中有95人(19.8%)年收入为6万~7万元,60人(12.5%)年收入为16万~18万元。其次,质化研究中被调查者年龄相对偏大(41岁以上人群占比偏高),学历相对偏低(研究生学历占比偏低),家庭人口偏多(单身和已婚无孩占比较低）。再次，质化研究中发现有些指标对消费者感知影响并不显著，如职业等。因此在做量化研究时，问卷的问题有所调整，这也造成被调查者的人口学特征在两个调研中有些方面无法进行直观的比较。最后，质化研究主要采取电话/网络访谈的方式，这使数据较准确且能在一定范围内进行更细致的分类（如收入可细分为6万~7万元、7万~12万元等）以分析收入和偏好之间的关联。但是，由于量化研究中采取网络问卷的形式，样本进行更细致的分类可能性不大。这造成一定程度上的信息缺失。具体样本之间的区别如表6-1所示。

表6-1 质化样本和量化样本的区别　　　　　　单位：%

	质化研究样本	量化研究样本
性别	女性：61.7 男性：38.3	女性：60.4 男性：39.6
主要食品购买者	—	是：57.3 否：42.7
年龄	22~30岁：16.7 31~40岁：45 41~48岁：38.3	24~30岁：31.3 31~40岁：45.8 41~50岁：22.9
受教育程度	高中学历（包括技术学校）：6.7 本科学历：60 研究生学历：33.3	高中学历（包括技术学校）：2.1 本科学历：33.3 硕士学位：35.4 博士学位：29.2
年收入	6万~7万元：16.7 7万~16万元：66.7 16万~18万元：16.7	6万~7万元：19.8 7万~12万元：39.6 12万~16万元：27.1 16万~18万元：12.5
出国经历	—	有：60.4 无：39.6

续表

	质化研究样本	量化研究样本
家庭结构	少于3人（单身或已婚）：10 3人（已婚有一孩）：55 多于3人：35	有小孩：39.6 有老人：56.3 小孩和老人均无：25
职业	高校教师：23.3 企业职员：46.7 政府工作人员：30	—

当然，所有的研究特别是在质化和量化相结合的研究中，由于所需样本数量的不同和调研时间的不同，得到完全一致的样本的可能性几乎为零。这在致使调研结果有所偏差的同时也使数据的横向对比更有意义。

二、原产国效应的差异

面对越来越高的进口食品总值，原产国效应成为本书的研究主旨之一。针对两个问题，中国消费者为何偏爱进口食品以及消费者愿意为进口食品支付多少溢价，3个研究案例即牛肉、婴幼儿配方奶粉和红酒被选择以进行质化和量化研究。结果表明，在不同食品类别中，原产国效用差别极大。

首先，牛肉的调研数据显示消费者牛肉消费频率很低，质化调研中71.7%的受访者每周消费牛肉产品在1次以下（量化研究中 64.6% 受访者每周消费牛肉产品在 1 次以下）。超过一半的消费者基于原产国的自然环境认为进口牛肉质量好于国产牛肉。故此，虽然有一半以上的消费者偏好购买进口牛肉，但只有 16.7% 的受访者偏向于购买来自发达国家的进口牛肉产品。

其次，驱使中等收入人群购买进口牛肉的主要动机是获取保障。他们认为，国外有更可靠的食品检验体系、更好的自然环境和更高的质量标准（更好的自然环境和更高的质量标准所能带来的口感上的享受也在他们的考虑范围之内）。原产国标签因此成为最能指示牛肉质量的属性之一，并因此能够在市场上收取较高溢价（价格同样是质量指标之一，价格越高质量越好）。而随后进行的量化研究中也部分证实了这一点。量化结果显示，虽然原产国标签对受访者来说重要性得分只有 4.5 分（低于价格和渠道的 5.2 分），且消费者也不愿意为巴西牛肉和美国牛肉支付溢价，但在其他项不变的情况下，消费者愿意为澳洲牛肉多付 32.76 元/斤（支付意愿为 0.78）。此结果与质化研究有少许出入，结果表明原产国的自然环境（如巴西的自然环境）和更可靠的食品检验体系（美国的食品检验体系）对消费者支付意愿影响不大，但是两者相结合的影响不可忽视。这个结果在一定程度上和质化研究中消费者更愿意购买澳洲牛肉的表述（15% 的质化研究中的被调研者声称他们更喜欢来自澳大利亚的牛肉产品）。

在婴幼儿配方奶粉的案例中，原产国效应最为明显。基于食品保障（安全和营养）的考量，质化研究中 85% 的受访者倾向于购买进口婴幼儿配方奶粉，只有 5% 的受访者愿意购买国产婴幼儿配方奶粉。其中，70% 的受访者明确表示他们更喜欢从发达国家进口的婴幼儿配方奶粉，因为发达国家有较好的自然环境、严格的质量标准和较可靠的质量检验体系。而这种观念的形成明显受从众心理（媒体和朋友）的影响。购买国产奶粉被认为是"不合时宜"的行为，消费者更愿意与朋友一起选择和购买进口品牌婴幼儿配方奶粉。这一行为模式在加强他们对某一特定品牌/某一特定产国认同感的同时也使他们获得社会认同感并加深和朋友的联系。这些受访者都表示价格是一个质量指标，价格高的产品质量不一定很好，但是价格低的产品质量一定有问题。因此，他们倾向于为质量更好的进口婴幼儿配方奶粉付出一定的溢价。量化研究在此方面进行进一步的衡量。结果发现，与质化研究相似，消费者对国产婴幼儿配方奶粉的购买意愿极低，即使价格降低也不能够提升消费者的效用/购买欲。而且，购买过婴幼儿配方奶粉的受访者100%都购买过进口婴幼儿配方奶粉。但在有选择的情况下，几乎所有消费者都愿意选择澳大利亚产或美国产的婴幼儿配方奶粉，而非经济不发达但自然环境较好的巴西。消费者认为美国产婴幼儿奶粉的效用大于国产，且愿意为其多支付141.6元。而澳洲婴幼儿配方奶粉的支付意愿更高，消费者愿意在其他项不变的情况下为其支付404.4元。这进一步说明原产国的自然环境和发展程度（更优的社会经济和技术发展水平）综合对消费者支付意愿产生影响。这种消费者难以区分某项属性具体效用的结论在要求消费者对品牌和原产国属性进行重要性排序时得到进一步验证。质化研究中重要性排序为原产地在前品牌在后，而在量化研究的李克特7级量表中，原产国标签的重要性得分为6.2分，仅次于品牌的重要性得分6.5分。这种情况出现的可能的解释是，消费者难以区分原产国效应和品牌效应。例如，同一品牌的婴幼儿配方奶粉可能产自不同的产地。例如，消费者在质化研究中就表示他们一般只关注进口知名品牌及其品牌所属国家（如美国雅培），而非具体产地（美国雅培的产地有新西兰、爱尔兰、新加坡和丹麦等）。这也使 Peri（2006）和 Köster（2009）的观点通过孤立的单因素研究来逐个解读各因素之间的交互式整合过程在感知研究中的不可取性在本研究中得到一定的印证。

红酒的案例则较为复杂。与其他两类产品相比，红酒的购买频率极低，质化研究中82%的受访者表示他们极少饮用红酒（少于每周1次），这也符合我国红酒的人均饮用量，年均1.34升（新华社，2017）。消费者购买红酒有三个主要目的，即自饮、和朋友聚会饮用、作为礼物赠送。在这三个不同的购买目的驱使下，进口红酒虽然是最受欢迎的选择，但他们受偏好程度却各不相同，分别为48.1%（自饮）、51.5%（聚会）和63.3%（礼物）。自饮消费者主要出于享乐主义和保障考虑选择进口红酒。聚会红酒购买者主要出于从众心理、享乐主义、保障和传统主义考虑选择进口红酒。而礼物购买者主要出于从众心理、传统主义、享乐主义和保障考虑选择进口红酒。总体来看，消费者对于保障（安全和营养/健康）方面的考量较少，只有38.3%的受访者提到这方面，而更多的社会功能的承载使更多的消费者在购买时/感知质量时考虑从众性的问题。总体来看，被访谈者普遍认为，悠久的生产历史、较高的质量标准、可靠的质量审核体系和独特的生产技艺使进口红酒品质优于国产红酒，他们愿意为进口红酒支付溢价。量化研究中，出于简化和具有代表性的考虑，只对礼物用红酒进行支付意愿方面的衡量。66.7%的受访者有购买红酒用于送礼的经验（比质化研究中50%的比例略高）。在有选择的情况下，几乎所有消费者都愿意选择法国产或澳大利亚产的红酒，而非经济不发达的阿根廷。在其他项不变的情况下，消费者认为法国产红酒的效用大于国产，且愿意为其多支付396~456

元。而消费者对澳大利亚红酒的支付意愿则是在其他项不变的情况下为其支付 183.6~211.2 元。量化数据分析的结果表明，消费者对购买法国产红酒作为礼品赠送的意愿强烈。将产地特别是产地的发展程度（更优的社会经济和技术发展水平）看作质量指标，倾向于购买发达国家进口红酒（而非拘泥于新世界或旧世界葡萄酒），这与质化研究结论一致。

总体来看，原产国标签在三个案例中都对消费者的感知和支付意愿有较大影响，特别是在国产产品有严重安全隐患或者当食品承载一定社会功能时。保障、从众心理和享乐主义是刺激消费者感知并使他们对进口食品产生偏好的重要原因。而当食品偏向私下消费时，特别是食品安全问题不甚严重时，消费者还是愿意购买相对低价的国产品牌食品。原产国标签的发达国家效应高于其自然环境/人文环境效应，消费者总体偏向于选择发达国家所产食品。当然，自然环境/人文环境效应也对消费者感知和支付意愿有一定影响。

三、品牌重要性的差异

研究发现，除了原产地效应外，品牌在消费者感知和支付意愿中的影响力也不容忽视。但这种影响力主要存在精加工产品、婴幼儿配方奶粉和红酒案例中。

虽然在牛肉这种初加工产品中品牌也有存在的可能性，但在现期中国市场还不常见，所以牛肉案例中未有受访者提及此方面。但是在婴幼儿配方奶粉中,品牌的作用却不可忽视。质化研究中,85%的被调研者明确表示他们首选进口产品,但他们也关注哪个国家以及是何品牌的进口产品。在这个过程中,从众心理对受访者的偏好影响很大。超过一半的受访者表示他们乐于与身边有相似需求的朋友一同购买某一品牌(而非同一产地)的奶粉。这一行为模式不仅迎合他们的保障需求,而且也使他们获得社会认同感。因此,在量化研究中,品牌的重要性得分高于原产国标签就可以理解了。消费者愿意为品牌支付的价格(380.5元)高于愿意为美国产地支付的价格(141.6元),但低于愿意为澳洲产地支付的价格(404.4元)。这进一步说明,在某种需要十分强烈的时候(此处为保障需要),消费者会依赖更多的属性(品牌及原产地等)来满足自身的需要。中国的从众心理在这方面也表现得十分明显。消费者依靠互相之间的判断(口碑效用)来加强对某些属性(如品牌)的信任度。

由于红酒购买目的较多,品牌在其中起的作用就因为目的不同而不同。总体来说,消费者对国外红酒品牌了解不多,主要有澳洲奔富和法国拉菲。但他们对国产红酒品牌耳熟能详,例如长城、张裕、王朝等。对于红酒购买者来说,红酒品牌就主要指国产红酒品牌。他们经常将国产品牌作为一个属性和原产地标签相比较。他们认为,长期的生产历史、独特的生产技艺和可靠的质量审核系统使进口红酒的味道相较于国产品牌红酒更好。由于较少担心红酒的安全问题,在不承载社会职能的时候,有11%的自饮者表示他们出于爱国主义更愿意选择国产红酒。当然,这也受国产品牌高知名度和消费者对于红酒口味难以判断的影响(74%的自饮者承认他们不知道好红酒应该是什么味道的)。但在承载一定社会功能时,这一情况发生了变化。选择进口红酒的受访者多了，而选择国产品牌红酒的少了。自饮者中的 13 位（48.1%）喜欢购买进口红酒，而聚会购买者中的 20 位（60.6%）喜欢购买进口红酒。HVM 图很明显地显示，从众心理在红酒质量感知上的巨大影响。这导致在 20 位愿意为聚会选择进口红酒的受访者中有 15 位偏向于选择法国红酒（大众媒体和朋友的影响）。而这种从众心理在送礼用红酒选择时更为明显。在选择红酒作为礼物时，受访者对产品的质量感知主要受从众心理的影响。也就是说，受访者认为作为礼品的红酒必须从收礼方的角度来考虑是否合适，必须从大众认可的角度（从众）选择适合的红酒产品来增进与收礼方的关系。因此，66.7% 的受访者表示，选择进口红酒是比较合适的，因为进口红酒的品质优于国内产品。只有 44% 的受访者表示品牌在这里比较重要。但是他们也明确指出，这里的品牌不仅仅指国产品牌，也包括国外知名红酒品牌。国产品牌在送礼的情境下被选择的可能性比起自饮和聚会为低。这也进一步说明，国产品牌在送礼中不被大多数消费者选择。这一点在量化研究中也有体现。例如，虽然在测量各属性的重要性时，品牌的重要性得分为 5.9 分，高于原产国标签的重要性得分 5.7 分，但在支付意愿的测量中，消费者的品牌支付意愿是 266.4～306 元，低于法国产红酒的支付意愿 396～456 元，但高于澳大利亚产红酒的支付意愿 183.6～211.2 元。这说明重要性排序的结果有可能是调查中未对国产品牌和进口品牌加以区分的结果，但也有可能是由于消费者对于不同产地红酒的评价差异较大造成的。

从有关品牌的横向分析中可以看出，在不同产品类别中，品牌属性对于消费者感知和支付意愿的影响程度各不相同。总体看来，即使是在食品保障需求不甚重要的情形之下，消费者对于原产国标签也极其看重，一般认为国产品牌产品不如进口产品。在进口食品的前提下再考虑购买何种品牌的产品的情况比较常见，特别是在被消费食品承载一定社会功能的情况下（如婴幼儿配方奶粉消费者和送礼用红酒的购买者）。消费者普遍认为进口品牌在进口国高质量标准的前提下为消费者提供了进一步的保障/更多从众价值（面子）。

四、价格重要性的差异

价格在食品质量感知中扮演着很重要的角色。在感知模型中，价格属性有两种作用，一种是用作质量指标，另一种则是作为效用的衡量指标。在本书中，价格属性的两种作用都有所体现，但主要是作为质量指标而存在的。数据表明，消费者在食品领域普遍有种共识，即价格高的食品质量不一定好（食品价格和食品质量之间没有线性关系），但是价格低的产品质量一定有问题。

在牛肉案例中，受访者的牛肉消费频率并不高。也就是说，对于很多消费者来说，牛肉不属于日常购买范围。偶尔购买更基于食品安全和食品营养得到保障前提下的享乐主义的考量（质化研究显示75%的受访者受享乐主义影响在市场上选择牛肉）而非效用考量。因此，质化研究中的受访者认为价格属性和质量标准有关，进而预示着牛肉的安全、营养和口味。所以，受访者愿意支付"合理的市场价格"来满足其保障和享乐主义的需要。分析表明,价格是51位受访者(85%)考量牛肉质量时的重要因素。他们认为,牛肉自有其价格范围(42元/斤左右),低于此价格则是质量低劣的表示。但由于牛肉的市场价格较贵(是相似的猪肉产品的3倍),消费者对于"合理的市场价格"就存在不同的理解(部分由于收入差异导致)。购买频率较低的受访者能够接受高于市场价格100%以上的"进口牛肉产品",而购买频率较高的受访者则表示只能接受高于市场价格10%~50%的"进口牛肉产品"。同时,质化研究中受访者在对属性进行排序时,价格被提及得最多但其权重却是最低的。这也表明价格(及其所带来的效用)对消费者的购买影响可能并不显著。量化研究进一步证明了此结果,MNL模型参数中,价格为63元/斤的参数在统计上是不显著的。这表明这个价格对消费者的购买行为没有显著的影响。换句话说,虽然63元/斤相对于国产牛肉42元/斤有一定程度的区别,但是区别还不够大。价格在这个范围内的提高不会影响消费者决策。这与消费者在质化研究中的权重表述相一致。具体而言,消费者愿意为澳洲牛肉多付32.76元/斤,为超市销售的牛肉多付60.06元/斤,为盒装牛肉多付59.64元/斤。这些支付意愿也皆高于国产牛肉市场基准价格的50%。虽然在量化研究的李克特7级量表中,价格属性的重要性最高为5.2分,但此处可能的解释是,牛肉在市场上相对其他肉类价格为高,以致最受消费者关注(与HVM图相一致)。

在婴幼儿配方奶粉的案例中,价格并不是受到最多关注的属性,但也有80%的受访者提到了价格属性在形成产品质量感知中的作用。价格作为一个质量指标被认为与婴幼儿奶粉配方成分和质量标准都有直接关联,因此这些受访者愿意支付"合理的市场价格"来满足其保障的需要。与牛肉一样,受访者认为虽然价格高的产品质量不一定很好,但是价格低的产品质量一定有问题。因此,43%的受访者心目中都有一个"合理的市场价格"。他们会在这个价格范围内选择合适的产品满足他们的需要。同时,质化研究受访者也指出价格的权重在所有被关注属性中最低。量化研究进一步证明了质化研究的结果,在李克特7级量表中,价格的得分最低,为4.9分。在MNL模型参数中,价格为180元/桶的参数在统计上是不显著的,表明相对于价格为120元/桶的基准,这个价格对消费者的购买行为没有显著的影响。价格在这个范围内的提高未必会影响消费者决策,消费者愿意支付更高的溢价以满足其需求。具体来说,消费者愿意为美国产地多支付141.6元,澳洲产地多支付404.4元,知名品牌多支付380.5元,超市销售多支付166.8元。皆高于120元的国产婴幼儿奶粉的市场基准价格100%以上。

在红酒案例中,100%的自饮消费者提及了价格属性。他们认为价格和质量标准有关,因此直接影响安全和口味,进而和保障与享乐主义相联系。受访者解释道,由于他们饮用红酒的频率很低(大部分少于每周1次),对红酒了解也不多,价格常常被用作判断红酒安全和口感的标准。太便宜的红酒被认为可能造假(加入红色素和水等)且口感肯定不好。只有在"合理的市场价格下",红酒的安全和口感才可以得到一定保证。100%的聚会用红酒消费者也提及了价格属性。他们认为价格是判断红酒口味、安全和营养/健康的一个关键指标,值得加以仔细考虑。但这也并不意味着价格越高越好(除非在一些有特定目的的聚会中)。由于价格和质量之间被认定并没有线性关系,受访者更倾向于在他们自己的价格体系中为不同目的的聚会选择一瓶价格不同的红酒。但和自饮的情况有所区别,这里的价格还和"传统价值观"

相关。6位（18%）受访者提及自己有价格高低判断标准（自我导向价值），但价格高低不仅与质量相联系，而且在一定程度上是重视友人程度的一个指标（传统价值观）。当然，由于很多消费者也奉行中庸之道（传统价值观），为避免"过犹不及"，过于贵重的红酒也被认为是不恰当的。所以，"合理的价格"在这里成为值得消费者深思的一个属性。在送礼用红酒中，有94%的消费者提及价格属性。在此分类中，价格属性的重要程度有所降低。和聚会用红酒相似，价格在此和质量指标相联系，进而与保障和传统价值观相关。但合理价格范围却在不同的受访者之间再次有不同的认知。有的受访者认为送礼用红酒的价格上限应该为400~500元，而有的受访者则认为可以是上千元。这与消费者的收入等个人因素直接相关。同时，在质化研究对属性的重要性排序中也可看到，价格的重要性在红酒的三个分类中都是比较低的（不重要）。量化分析只关注送礼用红酒，分析结果却在一定程度上与质化研究相一致。在李克特7级量表中，价格的得分最低，为5.3分，表明价格属性对于消费者并不重要。但MNL模型分析结果却表明，在送礼用红酒中，价格的提高必会影响消费者决策。随着价格的逐步提高，消费者支付的意愿逐渐降低。可能的解释是，相对于牛肉和婴幼儿奶粉，送礼用红酒承载的社会功能最多。而消费者对于"合理的价格"却有不同的理解，在传统价值观的影响下，价格是他们考量"礼物是否合适"（效用）的一个重要指标。

　　总体而言，价格对消费者具有的质量指标和效用衡量指标的两种作用。其在不同食品品类下有所侧重。对于牛肉和婴幼儿配方奶粉产品来说，价格主要作为质量指标存在。而对于送礼用红酒，量化研究就表明其作为效用指标的作用更为明显。这一现象的产生相信与个人价值的驱动特别是保障价值有一定联系。

五、其他因素重要性的差异

除了原产地、品牌和价格外,还有很多属性被消费者提及。比较常见的是购买渠道和包装,不常见的有牛肉属性中提及的饲养方式和肉质等,以及红酒属性中提及的葡萄品种和葡萄产地等。由于提及较少的属性一般是和食品类别相关,这里重点关注购买渠道和包装的重要性差异。

在牛肉案例中,购买渠道(27%)和包装(17%)都被消费者提及。这两个属性和保障需求、自我导向和享乐主义相关。受访者偏爱在超市购买牛肉,因为所有超市都有自己独特的质量检验系统/进货体系。这不仅能保证食品安全,而且能保证食品营养和口味。而包装主要与自我导向和享乐主义相关。包装上有生产日期,有的包装还额外标明烹饪方式并附带调料包,这些都会给消费者带来安全(新鲜程度)和口味(某些部位的特别烹饪方式)上的满足。因此,消费者表示他们愿意为购买渠道和包装支付一定的溢价。相对而言,消费者对于在农贸市场上购买散称进口牛肉的兴趣最低。数据显示,消费者对农贸市场上销售的所谓进口牛肉持怀疑态度。在有选择的情况下,消费者更愿意花高价选择有包装的澳洲牛肉产品(超市有包装)。量化研究也进一步表明,消费者愿意为超市销售的牛肉多付 60.06 元/斤,为盒装牛肉多付 59.64 元/斤。

在婴幼儿配方奶粉的案例中,购买渠道(17%)被消费者提及较多。实际上,提及包装的消费者也有 3 人(5%),由于人数少于截止值,故未在认知层次价值图中体现。提及包装的消费者主要是因为有些品牌的包装使奶粉使用方便(防潮且不易泼洒)。关于购买渠道,有些消费者(12%)偏爱在超市/专业母婴店购买,而有些消费者(5%)偏爱用熟悉的代购在海外直接购买。他们解释这是因为市场上假货横行,特别的购买渠道能让他们买到真货,获得保障。同时,由于使用代购程序较为烦琐(涉及海关报关及关税等),购买超市/专业母婴连锁店出售的品牌进口产品能给他们带来便利性。他们也愿意为额外的保障和便利性(与自我导向价值相关)付出一定的溢价。量化研究的结果也表明,消费者在其他项不变的情况下,愿意为超市销售的婴幼儿奶粉多支付 166.8 元。

在红酒案例中,购买渠道和包装都被消费者提及。在自饮红酒中,购买渠道被 3 位(11%)消费者提及。他们关注此属性的原因是超市有自己的进货体系,能够在一定程度上保证食品安全(非假货、非勾兑酒等),以满足保障需求。在聚会饮用红酒中,包装被 4 位(12%)消费者提及。他们关注此属性的原因是一般包装较好的红酒质量标准也应该较高,那么口味(享乐主义)就有保障,真假(掺杂水和其他物质)也不会有很大问题。在送礼用红酒中,包装被 12 位(40%)消费者提及,而购买渠道被 3 位(10%)消费者提及。关注购买渠道的原因比较简单,和自饮消费者相似,被访者认为超市有自己的进货体系,能够在一定程度上保证产品非假货。值得注意的是,自饮消费者认为自饮红酒的价位在 100 元以下比较合适。故此,自饮的保障需求主要指质量指标符合国家标准(非勾兑等)。而送礼用消费者认为送礼用红酒数百元至数千元都比较合适。他们主要关注的保障需求是与非假货（保证真货）相联系的。包装在这里被高达40%的受访者提及的主要原因是，包装好坏与面子也即大众看法（从众价值，即是否上档次）、自我认知（自我导向价值，即是否看起来值钱）和传统看法（传统价值，即是否看重被送礼者）相关。既然渠道和包装特别是包装与满足消费者需求相关，那么消费者也愿意为这些属性付出溢价。量化研究以送礼用红酒为例，仅测算了包装的支付意愿。数据表明，消费者对于盒装红酒的支付意愿为1.55（参数基于180元/瓶）和1.35（参数基于240元/瓶）。换句话说，消费者在其他项不变的情况下，愿意为包装支付的溢价为163~186元。

可以看到，销售渠道和包装是消费者在形成食品质量感知和购买食品时比较关注的属性。虽然这两个属性的重要程度和关注动机在不同的食品品类中不尽相同，但也具有一些共同点。首先，重视渠道属性的动机主要在于保障的需要。由于市场假冒伪劣产品较多，消费者偏向于大众口碑较好且能进行面对面交流（如果是假货，可以得到退货等保障）的超市来满足保障需求。其次，包装属性对自用食品并不十分重要。消费者仅看重包装能够带来的额外效用（如包装提供的额外烹饪提示和易于取用的便利性）。但在承载一定的社会功能时，包装就开始被消费者重视起来。这里的包装就成为一个基于美观度的效用价值指标。在大众观念中，包装较好的产品一般质量都较好且价位较高。用包装较好的红酒招待朋友或送给朋友就表示对朋友的重视程度。因此，消费者愿意为包装付出的溢价在送礼用红酒中高于牛肉和婴幼儿奶粉。

六、本章小结

本章试图对三个案例进行更深层次的横向解析，并在更广阔的理论及现实基础上进行总结，以加深对数据的理解。

分析结果不仅显示了三个案例之间的异同点，而且明确指出以下几点。

（1）原产国标签对消费者的感知有较大影响，特别是同类国产食品有严重安全隐患或者当食品承载一定社会功能时。消费者普遍对发达国家所产食品感知质量较高，主要原因在于信任发达国家严格的质量标准和较可靠的质量检验体系。当食品偏向私下消费时，特别是食品安全问题不甚严重时，消费者还是偏向于购买相对低价的国产食品以获得高效用。

（2）品牌属性对于消费者的重要程度在不同产品类别中各不相同，消费者对其支付意愿也因此有所区别。但是，消费者普遍认为国产品牌产品不如进口产品。在进口食品中考虑品牌属性的情况比较常见，特别是在被消费食品承载一定社会功能的情况下。原产国标签显现出一定的品牌效应（特别是相对于国产品牌）。但是，消费者对进口品牌产品感知质量明显更高，主要原因是他们认为品牌在进口国高质量标准的前提下为他们提供了进一步的保障/更多从众价值（面子）。

（3）即使面对相同产品，不同消费者所愿意支付的价格（合理的市场价格）也有很大的区别。这不仅与消费者的收入等个人因素相关，也与市场的普遍认知（从众心理）有一定联系。同时，大部分消费者都认识到价格和产品质量之间的非线性关系。因此，在不同的需求驱动下，价格在不同产品类别中的重要程度各不相同。消费者倾向于使用多种指标（如原产地标签、品牌、价格和包装等）来考虑其最迫切需求（如保障需求）。

（4）销售渠道和包装属性也是消费者在形成食品质量感知和购买食品时比较关注的属性。首先，重视销售渠道的动机主要在于保障的需要。由于市场假冒伪劣产品较多，消费者偏向于在大众口碑较好且能进行面对面交流的超市中购买食品来满足其保障需求。其次，包装的需求特别是额外包装的需求在自用食品方面并不十分重要。但在承载一定的社会功能时，包装就开始被消费者重视起来。因此，消费者愿意为包装付出的溢价在某些产品中/某些场合中就显得较高。

从以上这些方面可以很明显地看到，发达国家的产地标签能够在市场上给生产者带来更多的收入。这种溢价水平随着情境的不同（保障需求是否迫切及社会功能承载力度等）而不同。同时，由于中国食品市场中假冒伪劣产品盛行，发达国家在展示产地标签的时还需好好考虑如何提升消费者对原产国的印象以产生更好的效益问题。这也是近几年一些发达国家（芬兰和美国等）试图和中国消费者通过适当的平台直接接触的原因（如淘宝天猫平台上的各国促销活动）。

第七章
结论与展望

一、主要观点

很多研究证明，原产国标签就像第三方证明一样，能够帮助关注食品质量的消费者在市场上做出选择，并因此提高相关生产者的经济收入。但是在中国从消费者质量感知的角度进行的相关系统研究却并不常见。因此，面对中国市场上逐年增多的进口食品，衡量原产国标签对消费者质量感知以及支付意愿的影响就变得十分迫切。

为了解答这两个问题，通过两段式（质化和量化研究）近一年的数据收集，本书将研究重点放在如下四个方面，以剖析中国食品市场上原产国标签与消费者感知和支付意愿之间的关系。

（一）分析过往理论框架以建立原产国标签，消费者感知和支付意愿之间的联系

首先，大量从管理学角度出发分析原产国标签作用的文章被一一回顾。从中可以清楚地看到，消费者对食品质量的认知因人口、社会经济因素和食品类别而异（Hoffman，2000；Grunert，2005；Lusk et al.，2006；Loureiro & Umberger，2007；Beriain，Sanchez & Carr，2009；Brunsø et al.，2009；Aiello et al.，2009；Kumara & Canhua，2010）。作为外在线索，原产国标签可以在两方面影响消费者的质量认知，特别是当消费者对食品安全方面缺乏足够的认识/信心时（Bloemer et al.，2009）。首先，一个国家的社会经济和技术发展水平会影响消费者质量认知（Han & Terpstra，1988；Kaynak & Kara，2002；Loureiro & Umberger，2005；Lee et al.，2014）。其次，一个国家历史或自然环境与具体食品种类相联系后可能对产品质量认知产生影响（Hoffman，2000；Grunert，2005；Lusk et al.，2006；Loureiro & Umberger，2007；Beriain，Sanchez & Carr，2009；Brunsø et al.，2009；Aiello et al.，2009；Kumara & Canhua，2010）。

根据这一前提，在回顾不同研究者从不同角度对食品质量感知和消费者支付意愿的研究后，基于方法目的链理论和离散模型的质化与量化相结合的方法就被提出，以进行具体调研。

（二）分析原产国标签影响消费者质量感知的机理

在调研60位消费者对牛肉、婴幼儿配方奶粉和红酒的质量感知之后，数据显示，首先，进口标签是对中国中等收入消费者最有吸引力的属性。其次，感知风险程度（保障价值）对消费者

关注的属性和购买的动机有明显的影响。随着国内食品危机的日益曝光，消费者的食品安全保障意识越来越强烈，保障价值需要促使他们选择进口食品。再次，媒体的信息传递和消费者的社会关系对食品质量感知影响很大，特别是当消费者对产品了解有限和购买食品是用于非私下消费时，中国中等收入消费者对价格似乎并不特别敏感。这使价格更多作为一个质量指标而存在（Lee et al.，2015）。最后，消费者个人特征诸如年龄、家庭结构、购买频率和收入等，也对食物质量感知的高度影响。

（三）分析消费者愿意为原产国标签支付的溢价

基于 MNL 模型和 LC 模型而设计的量化问卷调研了 480 位消费者对牛肉、婴幼儿配方奶粉和红酒的支付意愿。数据显示，首先，消费者愿意为发达国家的原产国标签和知名品牌付出的溢价最多，特别是进口知名品牌。国产食品即使是国产品牌食品在消费者心目中依旧是相对廉价和质量较低的。消费者不愿意为不发达国家的进口食品支付任何溢价，甚至认为其理应比国产食品价格低。其次，在购买过程中，价格是一个重要因素。但这并不意味着价格越低越好。消费者愿意为高质量食品付出 50% 以上的溢价，并认为价格虽然与质量之间并无线性关系，但价格低的食品质量一定有问题。最后，媒体宣传和食品承载的社会属性对消费者愿意支付的溢价影响较大。

（四）综合所有数据衡量原产国标签在中国食品市场上的影响

三个案例的两次调研数据组合起来进行横向分析的结果表明，尽管各有特色，但消费者对于进口食品的偏好趋向相同，特别是国产食品有严重安全隐患或者是当食品购买承载一定社会功能时。消费者较为喜爱发达国家所产食品而非不发达国家所产食品。除进口国标签之外,横向对比研究还发现,品牌属性对于消费者的重要程度在不同产品类别中各不相同,消费者对其支付意愿也有所不同。但消费者普遍认为国产品牌产品不如进口产品。在进口食品中考虑品牌的情况比较常见,特别是在被消费食品承载一定社会功能的情况下。原产国标签显现出一定的原产国效应。但消费者对进口品牌产品的质量感知和支付意愿明显更高。大部分消费者也都认识到价格和食品质量之间的非线性关系。但不同消费者所愿意支付的价格(合理的市场价格)即使对于同一产品也存在很大的区别。这与消费者的收入等个人因素相关,也与市场的普遍认知(从众心理)有一定联系。当然,销售渠道和包装也是消费者形成食品质量感知时比较关注的属性。重视销售渠道在于满足保障的需要。对包装的需求特别是额外包装的需求在自用食品方面并不十分显著。但在承载一定社会功能时,包装的重要性就开始被消费者重视起来。

二、未来研究方向

就如本书开头所指出的那样,此研究的目的在于通过案例分析来衡量当代中国进口食品市场中原产国标签对于消费者质量感知的影响以及他们对原产国标签的支付意愿,以揭示中国进口食品市场快速扩张背后的机理。基于取得的一手和二手数据,6个潜在的研究扩展方向逐渐明晰。其中，3个是本研究的直接扩展，另外3个则是中国食品消费研究中亟待解决的问题。

对于所有研究来说，缺陷一定存在。因此，第一个可能扩展的研究方面就是将本研究中未出现的人员包含进质性研究之中（如中间商和生产商等），同时将本研究中质性研究提及而量化研究未包含的属性加入未来研究之中。首先，中间商提供的信息应当会增加数据的可信度，特别是在消费者支付意愿方面。实际上，针对中间商的访谈也在前人研究中出现过。而本研究由于种种原因，这方面的调研未曾进行。因此，对于这些人员的调研可以是将来的一个重要扩展方向。其次，量化研究中只包含一部分质化研究中出现的属性。更多属性的融入应该有利于建立更真实的模型。最后，量化研究中很多属性未考虑更多水平，这也是研究的一个缺陷。例如，研究发现对于很多消费者来说，他们除了媒体报道较多的法国拉菲外基本不知道其他进口红酒品牌。这使他们在做问卷时出现难以选择的情况。如何处理这方面的问题以提高问卷质量，值得进一步的考量。

第二个可能的扩展是时间方向的扩展。在过去的10年间，三个被调查的产品的进口量和进口金额都发生了很大的变化。如果在未来的5~10年再次做出相似的研究，其结果可能并不同于今天的结论。对同一案例的持续研究有利于进一步加深对中国进口食品市场的全面了解。

第三个可能的扩展是案例数量方面的扩展和模型复杂性方面的扩展。如果更多的来自不同省份的被调查者和不同品类的食品（如柑橘类等我国具有优势的食品）能够被仔细分析，就有可能得出更令人信服的结论。而且MNL模型假设所有的消费者对品牌、价格、销售渠道和包装等的反应（Response）都是一样的，即分享相同的参数。但在实际调研中，数据已显示消费者的反应具有很大的异质性（Heterogeneity）。而最终采用的 MNL 模型却没有考虑到异质性因素。如果有更多的数据点/被调研人数，潜分类（LC）模型或混合（MIXED）模型就可以用来解决这类异质性的问题，并因此进一步增加模型可靠性。

除了前面所提及的三个基于研究缺陷的扩展外，基于结论导出的中国食品行业研究中亟待解决的问题也值得深思。因此，第四个可能存在的研究方向就是如何将基于消费者购买进口食品的动机对国产食品的生产和营销提出建议。中国食品生产体系在过去 30 年中有长足的发展，但在近 20 年间由于食品安全问题层出不穷以至于在市场上口碑较差。因此，在中国现有情境下如何促使消费者购买国产食品值得深入探索。

第五个可能存在的研究方向是针对进口食品的。进口食品是中国食品市场中重要的一环。如何提升消费者对产品的了解（例如红酒）以便能更有效地选择进口食品也是很多中间商希望了解的。现有的认准发达国家原产国标签的做法在使一部分生产者得到溢价的同时也使另一部分生产者（如来自阿根廷和巴西等国的生产者）市场空间缩小。针对这方面的研究还未在市场上见到，但随着中国进口食品市场的逐渐扩张，这也将成为一个不可回避的研究问题。

如何在中国的农产品生产体系中保证农产品的安全性依旧值得探讨。理论上来说，消费者能够通过他们的"购买力"影响生产者的生产行为。但是，由于没有任何"代理者"，单个消费者很难约束生产者的行为以保证市场上农产品的质量，特别是在不可见的食品安全方面（Mulgan，1989）。面对薄弱的市场监管体系，如何保证食品安全以保护消费者权益已经成为中国食品市场上亟待解决的问题。

三、结论

快速扩张的中国进口食品市场已经引起全球的关注。从食品质量感知和消费者效用的角度出发,本书通过调研牛肉、婴幼儿配方奶粉和红酒来揭示中国中等收入消费者偏好进口食品背后的机理和他们对进口食品的支付意愿。研究发现,原产地标签对于消费者来说是一种质量线索。中国消费者受保障需求、享乐主义和从众心理的驱动购买进口食品。与国产食品相比,进口食品特别是发达国家生产的进口食品普遍被认为更安全、更健康、更美味且更物有所值。因此,发达国家产地标签能够在中国市场上给生产者带来更多的收入。这种产地标签还能为一些品牌带来伞状效应,如澳大利亚产的品牌婴幼儿配方奶粉能够在市场上摄取比美国产品牌婴幼儿配方奶粉更高的溢价。这种溢价水平随着情境的不同(社会功能承载力度的不同、消费的目的不同和消费者人口学上的不同等)而不同。

中国消费者的消费行为正在经历一个急遽变化过程(Zhang et al., 2008)。了解为什么某些产品被消费群体更频繁地消费的原因,以及他们愿意为其偏好付出多少溢价是每个希望获得成功的营销人员的关注点。本书通过质化和量化两种研究方法,对这些问题进行了研究和分析。质化结果揭示了购买进口食品背后的机制,指出这一偏好与相应的个人价值驱动相关。这方面的结果将助于促进消费并实现有效的差异化战略。例如，较低的风险意识和参与度的食品类别可以为国内食品生产商提供更多的发展空间。这些国内生产企业应该强调产品的新鲜程度、口味和性价比。相反，较高的风险意识和参与度的食品类别会要求进口食品生产者在市场中呈现更专业和安全形象以增加消费者的信心，并应该通过媒体将具体产品与消费者的生活品位相连以满足从众心理的需求。与此同时，中等收入消费者选择进口食品的共同动机是食品的安全和营养保障。这与不被信任的国内食品监管体系以及被诟病的农业生态系统相联系。从这一点来说，如何更好地完善和发展中国的食品质量标准体系和审核体系，帮助中国食品建立在市场上的正面形象，以保证中国食品生产者的利益还需要更多的专家和学者在体系的设计、运作及营销等方面加以研究。当然，这一结论也鼓励其他试图向中国出口食品的政府在其促销和营销工作中重点提及严格的食品检验体系，并建立一个环境友好的国家形象。由于消费者偏好和实际购买之间还存在一定的差异性，在质化研究的基础上，量化研究需进一步明确消费者愿意为各属性支付的溢价。在应用 MNL 模型和 LC 模型对消费者数据进行分析以评估消费者支付意愿的设想下，数据分析的结果与质化研究结果基本一致。消费者愿意为发达国家进口食品付出更高的溢价，特别是进口知名品牌食品。相对来说，不发达国家进口食品的支付意愿基本为负数，即他们对于消费者的效用小于国产食品。当然，数据分析也揭示，除了原产国标签外，消费者也愿意为购买渠道和包装等支付一定的溢价。

参考文献

[1] Abbott L. (1955). Quality and competition: An essay in economic theory. Columbia University Press: New York.

[2] Acebrón L. Dopico D. (2000). The importance of intrinsic and extrinsic cues to expected and experienced quality: And empirical application for beef. Food and Quality Preference 11 (3): 229 – 238.

[3] Adamowicz W, Boxall P, Louviere W J. (1998). Stated preference approaches for measuring passive use values: Choice experiments and contingent valuation. American Journal of Agricultural Economics 80 (1): 64 – 75.

[4] Agnoli L, Capitello R, Begalli D. (2014). Geographical brand and country-of-origin effects in the Chinese wine import market. Journal of Brand Management 21 (7/8): 541 – 558.

[5] Agrawal J, Kamakura W. (1999). Country of origin: A competitive advantage? International Journal of Research in Marketing 16 (4): 255 – 267.

[6] Aiello G, Donvito R, Godey B, Pederzoli D, Wiedmann K, Hennigs N, Siebeis A. (2009). Luxury brand and country-of-

origin effect: Results of an international empirical study. Journal of Marketing Trends 1 (1): 67 – 75.

[7] Alfnes F. (2004). Stated preferences for country of origin of beef application of a mixed logit model. European Review of Agricultural Economics 31 (1): 19 – 37.

[8] Ali T, Huang J, Wang J, Xie W. (2017). Global footprints of water and land resources through China's food trade. Global Food Security 12: 139 – 145.

[9] Al-Sulaiti K, Baker M. (1998). Country of origin effects: A literature review. Marketing Intelligence and Planning 16 (3): 150 – 199.

[10] Anderson J, Wachenheim C, Lesch W. (2006). Perceptions of genetically modified and organic foods and processes. AgBioForum 9 (3): 180 – 194.

[11] Angulo A, Gil J. (2007). Risk perception and consumer willingness to pay for certified beef in Spain. Food Quality and Preference 18 (8): 1106 – 1117.

[12] Anwander P, Badertscher F. (2001). The Swiss market of meat from animal-frienly production. The 71st EAAE seminar: The food consumer in the early 21st Century. Spain: Zaragoza.

[13] Appadurai A. (1996). Modernity at large: Cultural dimensions of globalization. Minnesota University Press: Minneapolis.

[14] Arnoult M, Lobb A, Tiffin R. (2007). The U. K. consumer's attitudes to, and willingness to pay for, imported foods. The 105th EAAE Seminar 'International Marketing and International Trade of Quality Food Products', Italy: Bologna: 261 – 275.

［15］Ash R. (2006). Population change and food security in China. In Critical Issues in Contemporary China. ed. by Tubikewicz, C. Routledge: New York and London: 143 – 166.

［16］Atkinson P, Coffey A. (1997). Analysing Documentary Realities. in Qualitative Research: Theory, Method, and Practice. ed. by Silverman, D. London: Sage: 77 – 92.

［17］Atsmon Y, Magni M, Li L. (2012). Annual Chinese Consumer Report: From Mass From mass to Mainstream: Keeping Pace with China's Rapidly Changing Consumers.

［18］Australia Bureau of Statistics (2017). Defining Low, Middle and High income and Wealth Households, ［online］ available from < http://www.abs.gov.au/ausstats/abs@.nsf/Lookup/by%20Subject/6523.0~2015-16~Main%20Features~Characteristics%20of%20Low,%20Middle%20and%20High%20Income%20Households~8 > ［05, May. 2018］.

［19］Baddeley A D. (1997). Human memory: Theory and practice. Psychology Press: Exeter, UK.

［20］Bagozzi R, Gürhan-Canli Z, Priester J. (2002). The social psychology of consumer behaviour. Open University Press: Buckingham.

［21］Baker S, Thompson K, Palmer B D. (2002). Crisis in the meat industry: A means - end approach to communications strategy. Journal of Marketing Communications 8 (1): 19 – 30.

［22］Banerjee A, Duflo E. (2008). What is middle class about the middle classes around the world? Journal of Economic Perspectives 22: 3 – 28.

[23] Banovic M, Fontes M, Barreira M, Grunert K G. (2012). Impact of product familiarity on beef quality perception. Agribusiness 28 (2): 157 - 172.

[24] Banovic M, Grunert K G, Barreira M, Fontes M. (2009). Beef quality perception at the point of purchase: A study from Portugal. Food Quality and Preference 20 (4): 335 - 342.

[25] Barrena R, Sánchez M. (2010). Differences in consumer abstraction levels as a function of risk perception. Journal of Agricultural Economics 61 (1): 34 - 59.

[26] Barrena R, Sánchez M. (2012). Neophobia, personal consumer values and novel food acceptance. Food Quality and Preference 27 (1): 72 - 84.

[27] Barton D, Chen Y, Jin A. (2013). Mapping China's middle class. McKinsey Quarterly, June: 54 - 60.

[28] Bech M, Gyrd-Hansen D. (2005). Effects coding in discrete choice experiments. Health Economics 14: 1079 - 1083.

[29] Becker T. (2000). Consumer perception of fresh meat quality: A framework for analysis. British Food Journal 102 (3): 158 - 176.

[30] Ben-Akiva M, Lerman S R. (1985). Discrete Choice Analysis: Theory and Application to Travel Demand. The MIT Press: Cambridge, Mass, USA.

[31] Beriain M, Sanchez M, Carr T. (2009). A comparison of consumer sensory acceptance, purchase intention, and willingness to pay for high quality United States and Spainish beef under different infor mation scenarios. Journal of Animal Science 87: 3392 - 3402.

［32］Bernstein D. (2010). Essentials of Psychology (Fifth Edition). Cengage Learning: Belmont, CA.

［33］Bernués A, Olaizola A, Corcoran K. (2003). Extrinsic attributes of red meat as indicators of quality in Europe: An application for market segmentation. Food Quality and Preference 14 (4): 265 – 276.

［34］Bilkey W, Nes E. (1982). Country-of-origin effects on product evaluations. Journal of International Business Studies 13 (1): 89 – 100.

［35］Birdsall N. (2010). The (Indispensable) Middle Class in Developing Countries. [online] avaliable from < https: //www. cgdev. org/files/1423994_ file_ Birdsall_ Indispensable_ Middle_ FINAL. pdf > [04, Dec. 2018].

［36］Bitzios M, Fraser I, Haddock-Fraser J. (2011). Functional Ingredients and Food Choice: Results from a Choice Experiment. Food Policy 36: 715 – 725.

［37］Blackburn M, Bloom D. (1985). What is happening to the middle class? Journal of American Demographics (1): 19 – 25.

［38］Blaylock J, Smallwood D, Kassel K, Variyam J, Aldrich L. (1999). Economics, food choices, and nutrition. Food Policy 24 (3): 269 – 286.

［39］Bloemer J, Brijs K, Kasper H. (2009). The CoO-ELM model: A theoretical framework for the cognitive processes underlying country of origin effects. European Journal of Marketing 43 (1/2): 62 – 89.

［40］Boatto V, Rossetto L, Bordignon P, Arboretti R, Salmaso L. (2016). Cheese perception in the North American market: Empirical evidence for domestic vs imported parmesan. British Food Journal 118 (7): 1747 - 1768.

[41] Bonnefond C, Clément M, Combarnous F. (2015). In search of the elusive Chinese urban middle class: An exploratory analysis. Post-Communist Economies 27 (1): 41 - 59.

[42] Botschen G, Hemetsberger A. (1998). Diagnosing means-end structures to determine the degree of potential mMarketing program standardization. Journal of Business Research 42 (2): 151 - 159.

[43] Botschen G, Thelen E. (1998). Hard versussoft laddering: Implications for appropriate use. In New Developments and Approaches in Consumer Behaviour Research, ed. by Balderjahn, I., Mennicken, C., and Vernette, E., Palgrave Macmillan: Basingstoke, U. K.

[44] Bowbrick P. (1992). The economics of quality, Grades and Brands. Routledge: New York.

[45] Bradshaw J. (1745). A scheme to prevent the running of Irish wools to france. GaleEcco: Michigan.

[46] Bredahl L. (2004). Cue utilisation and quality perception with regard to branded beef. Food Quality and Preference 15 (1): 65 - 75.

[47] Breen R. (2005). Foundations of a neo-weberian class analysis. In Approaches to Class Analysis, ed. by Wright, E. Cambridge University Press: New York: 31 - 50.

[48] Breidert C. (2006). Estimation of Willingness-to-Pay

Theory, Measurement, Application. Springer: New Mexico.

[49] Brownstone D, Train K. (1999). Forecasting new product penetration with flexible substitution patterns. Journal of Econometrics 89: 109 – 129.

[50] Brunsø K, Verbeke W, Olsen S, Jeppesen L. (2009). Motives, barriers and quality evaluation in fish consumption situations: Exploring and comparing heavy and light users in Spain and Belgium. British Food Journal 111 (7): 699 – 716.

[51] Bunch D S, Batsell R R. (1989). A monte carlo comparison of estimators for the multinomial logic model. Journal of Marketing Research 26: 56 – 68.

[52] Burkhauser R. (1996). Income mobility and the middle class. The AEI Press: Wshington D. C.

[53] Burton M, Rigby D, Young T, James S. (2001). Consumer attitudes to genetically modified organisms in food in the U. K. European Review of Agricultural Economics 28: 479 – 498.

[54] Cao L, Tian W, Wang J, Malcolm B, Liu H, Zhou Z. (2013). Recent food consumption trends in China and trade implications to 2020. Australasian Agribusiness Review 21: 15 – 44.

[55] Cardello A, Schutz H, Lesher L. (2007). Consumer perceptions of foods processed by innovative and emerging technologies: A conjoint analytic study. Innovative Food Science and Emerging Technologies 8 (1): 73 – 83.

[56] Chamhuri N, Batt P. (2015). Consumer perceptions and food quality in Malaysia. British Food Journal 117 (3): 1168 – 1187.

[57] Chamhuri N, Batt P. (2013) Exploring the factors influ-

encing consumers' choice of retail store when purchasing fresh meat in Malaysia. International Food and Agribusiness Management Review 16 (3): 99 – 122.

[58] Chan W, Perez K, Perkins J, Shu M. (1997). China's retail markets are evolving more quickly than companies anticipate. The McKinsey Quarterly 2: 206 – 211.

[59] Chauvel L. (2009). Comparing welfare regime changes: Living standards and the unequal life chances different birth cohorts. In Formation of Middle Class in Comparative Perspective: Process, Influence and Socioeconomic Consequences, ed. by Li, C. Social Sciences Academic Press: Beijing.

[60] Chernatony L. (2001). A model for strategically building brands. Journal of Brand Management 9 (1): 32 – 44.

[61] Chernatony L, Knox S. (1992). Brand price recall and the implications for research. Marketing Intelligence and Planning 10 (9): 17 – 20.

[62] China-Britain Business Council (2015). China Middle Income Consumers [online] available from < http://www.cbbc.org/cbbc/media/cbbc_media/KnowledgeLibrary/Reports/Sector% 20 Profile/CBBC-China-s-Middle-Income-Consumers.pdf > [05, May 2018].

[63] China Statistic Bureau (2018). Statistical Year Book 1999 – 2017, [online] available from < http://www.stats.gov.cn/tjsj/ndsj/ > [05, May. 2018].

[64] Chryssochoidis G. (2000). Repercussions of consumer confusion for late introduced differentiated products. European Journal of Marketing 34 (5/6): 705 – 722.

[65] Chryssochoidis G, Krystallis A, Perreas P. (2007). Ethnocentric beliefs and country-of-origin (COO) effect: Impact of country, product and product attributes on greek consumers' evaluation of food products. European Journal of Marketing 41 (11/12): 1518 – 1544.

[66] Chung C, Boyer T, Han S. (2009). Valuing quality attributes and country of origin in the Korean beef market. Journal of Agricultural Economics 60 (3): 682 – 698.

[67] Cloke P, Cook I, Crang P, Goodwin M, Painter J, Philo C. (2004). Practicing Human Geography. Sage: London.

[68] Consumer News and Business Channel (2016). China will be Middle-Income by 2030, with Spending on Cars, Luxuries, Health to Rise. [online] available from < https://www.cnbc.com/2016/11/02/china-will-be-middle-income-by-2030with-spending-on-cars-luxuries-health-to-rise.html > [04, Dec. 2018].

[69] Cordell V. (1991). Competitive context and price as moderators of country of origin preferences. Journal of the Academy of Marketing Science 19 (2): 123 – 128.

[70] Credit Suisse (2015). The Global Wealth Report 2015. [online] available from < https://www.credit-suisse.com/media/assets/corporate/docs/about-us/research/publications/global-wealth-report-2015.pdf > [04, Dec. 2018].

[71] Credit Suisse (2017). The Global Wealth Report 2017. [online] available from < https://www.credit-suisse.com/media/assets/corporate/docs/about-us/research/publications/global-wealth-report-2017-en.pdf > [04, Dec. 2018].

［72］Curtis K, McCluskey J, Wahl T. (2007). Consumer preferences for western – style convenience foods in China, China Economic Review 18: 1 – 14.

［73］Darby K, Batte M T, Ernst S, Roe B. (2008). Decomposing local: A conjoint analysis of locally produced foods. American Journal of Agricultural Economics 90 (2): 476 – 486.

［74］De Ferran F, Grunert K G. (2007). French fair trade coffee buyers' purchasing motives: An exploratory study using means-end chains analysis. Food Quality and Preference 18 (2): 218 – 229.

［75］Deliza R, Macfie H, Hedderley D. (2003). Use of computer-generated images and conjoint analysis to investigate sensory expectations. Journal of Sensory Studies 18 (6): 465 – 488.

［76］Denton L, Xia K. (1995). Food selection and consumption in Chinese markets: An overview. Journal of International Food and Agribusiness Marketing 7 (1): 55 – 77.

［77］Denzin N, Lincoln Y. (2005). Introduction: The discipline and practice of qualitative research. In The Sage Handbook of Qualitative Research (Third Edition), ed. by Denzin, N. and Lincoln, Y. Sage: Thousand Oaks/ London/ New York, 1 – 32.

［78］Dhar R, Simonson, I. (2003). The effect of forced choice on choice. Journal of Marketing Research 40 (2): 146 – 160.

［79］Dickson P, Sawyer A. (1990). The price knowledge and search of supermarket shoppers. Journal of Marketing 54 (3): 42 – 53.

［80］Doctoroff T. (2005). Billions: Selling to the New Chinese Consumer. Palgrave Macmillan: Basingstoke.

[81] Dosman D, Adamowicz W, Hrudey S. (2001). Socioeconomic. Determinants of health-and food safety-Related risk perceptions. Risk Analysis 21 (2): 307 – 318.

[82] Douglas M, Isherwood B. (1980). The World of Goods: Towards and Anthropology of Consumption. Penguin: Harmondsworth.

[83] Ehmkea M, Luskb J, Tynerc W. (2008). Measuring the relative importance of preferences for country of origin in China, France, Niger, and the United States. Agricultural Economics 38 (3): 277 – 285.

[84] Elfick J. (2011). Class formation and consumption among middle-class professionals in Shenzhen. Journal of Current Chinese Affairs 40 (1): 187 – 211.

[85] Estache A, Leipziger D. (2009). Stuck in the Middle: Is Fiscal Policy Failing the Middle Class? Brookings Institution Press: Washington, DC.

[86] Fernqvist F, Ekelund L. (2014). Credence and the effect on consumer liking on food: A review. Food Quality and Preference 32: 340 – 353.

[87] Fisher C. (2007). Researching and Writing a Dissertation: A Guidebook for Business Students. Pearson Education Limited: London.

[88] Foddy W. (1993). Constructing Questions for Interviews and Questionnaires: Theory and Practice in Social Research. Cambridge University Press: Cambridge.

[89] Follett J R. (2009). Choosing a food future: Differentiating among alternative food options. Journal of Agricultural and Envi-

ronmental Ethics 22（1）：31 -51.

[90] Fontana A, Frey J.（2003）. The interview: From structured questions to negotiated text. In Handbook of Qualitative Research, ed. by Denzin, N. and Lincoln, Y. Sage: London: 61 -106.

[91] Forsman S, Paananen A.（2004）. Value creation in local food supply chains: Market opportunities and challenges. In 2004 IAMA World Food and Agribusiness Symposium Papers and Presentations [online] available from < http: //ifama. org/events/conferences/2004/cmsdocs/Forsman1038. pdf > [04, May. 2018].

[92] Foster C, Padel S.（2005）. Exploring the gap between attitudes and behaviour: Understanding why consumers buy or do not buy organic food. British Food Journal 107（8）：606 -625.

[93] Fotopoulos C, Krystallis A, Ness M.（2003）. Wine produced by organic grapes in Greece: Using means-end chains analysis to reveal organic buyers' purchasing motives in comparison to the non-buyers. Food Quality and Preference 14（7）：549 -566.

[94] Frewer L, Howard C, Hedderley D, Shepherd R.（1996）. What determines trust in information about food-related risks? Underlying psychological constructs. Risk Analysis 16（4）：473 -486.

[95] Froehlich E, Carlberg J, Ward C.（2009）. Willingness-to-pay for fresh brand name beef. Canadian Journal of Agricultural Economics 57（1）：119 -137.

[96] Fukase E, Martin W.（2016）. Who will feed China in the 21st century? Income growth and food demand and supply in China. Journal of Agricultural Economics 67（1）：3 -23.

[97] Gale F. (2006). Food expenditures by China's high-income households. Journal of Food Distribution Research 37 (1): 7-13.

[98] Gale F, Huang K. (2007). Demand for food quantity and quality in China. USDA Economic Research Report, No. 21.

[99] Gao H, Knight J. (2007). Pioneering advantage and product-country image: Evidence from an exploratory study in China. Journal of Marketing Management 23 (3-4): 367-385.

[100] Gao Z, Schroeder T. (2009). Effects of label information on consumer willingness-to-pay for food attributes. American Journal of Agricultural Economics 91 (3): 795-809.

[101] Gengler C, Reynolds T. (1995). Consumer understanding and advertising strategy: Analysis and strategic translation of laddering data. Journal of Advertising Research 35 (4): 19-32.

[102] Goldstein B. (2009). Sensation and perception. Wadsworth-Thomson Learning: Belmont, CA.

[103] Goldthorpe J. (1987). Social Mobility and Class Structure in Modern Britain. Clarendon Press: Oxford.

[104] Goodman D, Watts M. (1997). Globalising Food: Global Questions and Global Restructuring. Routledge: London.

[105] Gornick J, Jäntti M. (2013). Introduction. In Income Inequality: Economic Disparities and the Middle Class in Affluent Countries, ed. by Gornick, J. and Jäntti, M. Stanford University Press: Stanford, CA, 1-50.

[106] Gracia A, Barreiro-H J, López-G B. (2014). Are local and organic complement or substitutes labels? A consumer prefer-

ences study for eggs. Journal of Agricultural Economics 65（1）：49 – 67.

［107］Gracia A, Demagistris T.（2013）. Preferences for lamb meat: A choice experiment for spanish consumers. Meat Science 95（2）：396 – 402.

［108］Gracia A, Loureiro M, Nayga R.（2009）. Consumers' valuation of nutritional information: A choice experiment study, Food Quality and Preference 20（7）：463 – 471.

［109］Grunert K G.（2005）. Food quality and safety: Consumer perception and demand. European Review of Agricultural Economics 32（3）：369 – 391.

［110］Grunert K G, Bredahl L, Brunsø K.（2004）. Consumer perception of meat quality and implications for product development in the meat sector—a review. Meat Science 66（2）：259 – 272.

［111］Grunert K G, Grunert S.（1995）. Measuring subjective meaning structures by the laddering method theoretical considerations and methodological problems. International Journal of Research in Marketing 12（3）：209 – 225.

［112］Grunert K G, Lähteenmäki L, Nielsen N A, Poulsen J B, Ueland O, Åström A.（2001）. Consumer perceptions of food products involving genetic modification: Results from a qualitative study in four Nordic countries. Food Quality and Preference 12：527 – 542.

［113］Grunert K G, Larsen H, Madsen T, Baadsgaard A.（1996）. Market Orientation in Food and Agriculture. Kluwer: Boston, MA.

［114］Grunert K G, Perrea T, Zhou Y, Huang G, Sørensen

B, Krystallis A. (2011). Is food-related lifestyle (FRL) able to reveal food consumption patterns in non-western cultural environments? Its adaptation and application in urban China. Appetite 56 (2): 357 – 367.

[115] Guerrero L, Claret A, Verbeke W, Enderli G, Zakowska-Biemans S, Vanhonacker F, Issanchou S, Sajdakowska M, Granli B S, Scalvedi L, Contel M, Hersleth M. (2010). Perception of traditional food products in six European regions using free word association. Food Quality and Preference 21 (2): 225 – 233.

[116] Guerrero L, Guàrdia M, Xicola J, Verbeke W, Vanhonacker F, Zakowska-Biemans S, Sajdakowska M, Sulmont-Rossé C, Issanchou S, Contel M, Scalvedi L, Granli B S, Hersleth M. (2009). Consumer-driven definition of traditional food products and innovation in traditional foods: A qualitative cross-cultural study. Appetite 25 (2): 345 – 354.

[117] Gurhan-Canli Z, Maheswaran D. (2000). Cultural variations in country of origin effects. Journal of Marketing Research 37 (3): 309 – 317.

[118] Gutman J. (1982). A means-end chain model based on consumer categorization processes. Journal of Marketing 46: 60 – 72.

[119] Gutman J, Alden S. (1985). Adolescents' cognitive structures of retail stores and fashion consumption: A means-end chain analysis of quality//Perceived Quality, ed. by Jacoby J. and Olson J.; Lexington books: Lexington MA: 99 – 114.

[120] Haddad Y, Haddad J, Olabi A, Shuayto N, Haddad T, Toufeili I. (2007). Mapping determinants of purchase intent of

concentrated yogurt (labneh) by conjoint analysis. Food Quality and Preference 18 (5): 795 – 802.

[121] Han C, Terpstra V. (1988). Country-of-origin effects for uni-national and bi-national products. Journal of International Business Studies 19 (2): 235 – 255.

[122] Hansen T. (2005). Perspectives on consumer decision making: An integrated approach, Journal of Consumer Behaviour 4 (6): 420 – 437.

[123] Harrington G. (1994). Consumer demands: Major problems facing industry in a consumer-driven society. Meat Science 36 (1): 5 – 18.

[124] Hasimu H, Marchesini S, Canavari M. (2017). A concept mapping study on organic food consumers in Shanghai, China. Appetite 108 (1): 191 – 202.

[125] Healey M, Rawlinson M. (1993). Interviewing business owners and managers: A review of methods and techniques. Geoforum 24: 339 – 355.

[126] Heckhausen J, Wrosch C, Schulz R. (2010). A motivational theory of life-span development. Psychological Review 117 (1): 32 – 60.

[127] Hensher D, Greene W, Rose J. (2003). Deriving Willingness to Pay Estimates from Observation Specific Parameters, Institute of Transport and Logistics Studies. The University of Sydney. September.

[128] Hensher D, Rose J, Greene W. (2005). Applied Choice Analysis: A Primer. Cambridge University Press: Cambridge.

[129] Hoffman R. (2000). Country of origin-A consumer perception perspective of fresh meat. British Food Journal 102 (3): 211 – 229.

[130] Hoffman L, Mcdowd J M, Atchley P, Dubinsky R. (2005). The role of visual attention in predicting driving impairment in older adults. Psychology and Aging 20 (4): 610 – 622.

[131] Hofstede F, Audenaert A, Steenkamp J, Wedel M. (1998). An investigation into the association pattern technique as a quantitative approach to measuring means-end chains. International Journal of Research in Marketing 15 (1): 37 – 50.

[132] Holbrook M. (1994). The nature of customer value: An axiology of services in the consumption experience. In: Rust, T. and Oliver, R. (editors). Service Quality: New Directions in Theory and Practice. Sage Publications: Thousand Oaks, CA, 21 – 71.

[133] Horrigan M, Haugen S. (1988). The declining middle class thesis: A sensitivity analysis. Monthly Labor Review 111 (5): 3 – 13.

[134] Hu W, Batte M T, Woods T, Ernst S. (2012). Consumer preferences for local production and other value-added label claims for a processed food product. European Review of Agricultural Economics 39 (3): 489 – 510.

[135] Hu W, Qing P, Cox L. (2017). Marketing of Hawaii food products in China, The Chinese Economy 50 (3): 157 – 167.

[136] Huang K, Gale F. (2009). Food demand in China: Income, quality, and nutrient effects. China Agricultural Economic

Review 1 (4): 395 – 409.

[137] iResearch Center (2016). A Report of Financial Demand of Chinese Middle-Income Consumers 2016. [online] available from < http://jp.iresearch.com.cn/report/2669.html > [10, May. 2018].

[138] Issanchou S. (1996). Consumer expectations and perceptions of meat and meat product quality. Meat Science 43 (5): 5 – 19.

[139] Ittersum K, Candel M, Meulenberg M. (2003). The influence of the image of a product's region of origin on product evaluation. Journal of Business Research 56 (3): 215 – 226.

[140] Jaeger S, MacFie H. (2000). Incorporating "health" into promotional messages for apples: A means-end theory approach. Journal of Food Products Maarketing 6 (2): 57 – 78.

[141] Jensen B. (2001). Cusomers' price awareness at the point-of-selection: What constitutes the most appropriate measure of consumers' price awareness and what determines the differences? In-Process of the 2001 Fordham University Pricing Conference, New York.

[142] Johansen S B, Hersleth M, Næs T. (2010). A new approach to product set selection and segmentation in preference mapping. Food Quality and Preference 21 (2): 188 – 196.

[143] Johnson M, Herrmann A, Huber F. (2006). The evolution of loyalty intentions. Journal of Marketing 70 (2): 122 – 132.

[144] Josiassen A. (2010). Young australian consumers and the country-of-origin effect: Investigation of the moderating roles of

product involvement and perceived product-origin congruency. Australasian Marketing Journal 18 (1): 23 - 27.

[145] Juric B, Worsley A. (1998). Consumers' attitudes towards imported food products. Food Quality and Preference 9 (6): 431 - 441.

[146] Kahle L, Beatty S, Homer P. (1986). Alternative measurement approaches to consumer values: The list of values (LOV) and the value and life style (VALS). Journal of Customer Research 18: 208 - 218.

[147] Kaynak E, Kara A. (2002). Consumer perceptions of foreign products: An analysis of product-country images and ethnocentrism. European Journal of Marketing 36 (7/8): 928 - 949.

[148] Kaynak E, Kucukemiroglu O, Hyder A. (2000). Consumers' country-of-origin (coo) perceptions of imported products in a homogenous less-developed country. European Journal of Marketing 34 (9/10): 1221 - 1241.

[149] Keast R. (2009). Food quality perception. In Enrique O. R. (Eds), Processing effects on safety and quality of foods, CRC Press: Boca Raton: 67 - 83.

[150] Kelleher C, Helkkula A. (2010). Virtually speaking: Customer to customer communication in virtual communities. The Journal of Applied Management and Entrepreneurship 15 (3): 4 - 17.

[151] Kharas H. (2017). The Unprecedented Expansion of the Global Middle Class as Update. [online] available from < https: // www. brookings. edu/wp-content/uploads/2017/02/global _ 20170228 _ global-middle-class. pdf > [04, Dec. 2018].

［152］Kim J, Forsythe S, Gu Q, Moon J. (2002). Cross-cultural consumer values, needs and purchase behavior. Journal of Consumer Marketing 19 (6): 481 – 502.

［153］Kitchin R, Tate N. (2000). Conducting research into human geography: Theory, methodology and practice. Prentince Hall: Harlow.

［154］Knight J, Gao H, Garrett T, Deans K. (2008). Quest for social safety in imported foods in China: Gatekeeper perceptions. Appetite 50 (1): 146 – 157.

［155］Kole A, Altintzoglou T, Schelvis-Smit R, Luten J. (2009). The effects of different types of product information on the consumer product evaluation for fresh cod in real life settings. Food Quality and Preference 20 (3): 187 – 194.

［156］Korzen S, Lassen J. (2010). Meat in context: On the relation between perceptions and contexts. Appetite 54 (2): 274 – 281.

［157］Köster E. (2009). Diversity in the determinants of food choice: A psychological perspective. Food Quality and Preference 20 (2): 70 – 82.

［158］Krystallis A. (2015). Motivation and cognitive structures of store vs. manufacturer brand consumers. Journal of Consumer Behaviour 14 (4): 270 – 284.

［159］Krystallis A, Arvanitoyannis I. (2006). Investigating the concept of meat quality from the consumers' perspective: The case of Greece. Meat Science 72 (1): 164 – 176.

［160］Krystallis A, Ness M. (2004). Motivational and cognitive structures of Greek consumers in the purchase of quality food products. Journal of International Consumer Marketing 16 (2): 7 – 36.

［161］Krystallis A, Vassallo M, Chryssohoidis G, Perrea T. (2008). Societal and individualistic drivers as predictors of organic purchasing revealed through a portrait value questionnaire (PVQ) - based inventory. Journal of Consumer Behaviour 7 (2): 164 – 187.

［162］Kumara S, Canhua K. (2010). Perceptions of country of origin: An approach to identifying expectations of foreign products. The Journal of Brand Management 17 (5): 343 – 353.

［163］Kvale S. (1996). Interviews: An Introduction to Qualitative Research Interviewing. London: Sage.

［164］Lai J, Wang H, Ortega D, Olynk W N. (2018). Factoring Chinese consumers' risk perceptions into their willingness to pay for pork safety, environmental stewardship, and animal welfare. Food Control 85: 423 – 431.

［165］Lancaster K. (1966). A new approach to consumer theory. Journal of Political Economy 74 (2): 132 – 157.

［166］Lancaster K. (1979). Variety, Equity and Efficiency. Basil Blackwell: Oxford.

［167］Lawley M, Birch D, Hamblin D. (2012). An exploratory study into the role and interplay of intrinsic and extrinsic cues in australian consumers' evaluations of fish. Australasian Marketing Journal 20 (4): 260 – 267.

［168］Lee P, Lusk K, Mirosa M, Oey I. (2014). The role of personal values in Chinese consumers' food consumption decisions: A case study of healthy drinks. Appetite 73: 95 – 104.

［169］Lee P, Lusk K, Mirosa M, Oey I. (2015). An attribute prioritization based segmentation of the Chinese consumer market for fruit juice. Food Quality and Preference 46 (1): 1 – 8.

［170］Leppard P, Russell C, Cox D. (2004). Improving means-end-chain studies by using a ranking method to construct hierarchical value maps. Food Quality and Preference 15 (5): 489 – 497.

［171］Lichtenstein D, Ridgway N, Netemeyer R. (1993). Price perceptions and consumer shopping behavior: A field study. Journal of Marketing Research 30 (2): 234 – 245.

［172］Lim K H, Hu W, Maynard L J, Goddard E. (2013). U. S. consumers' preference and willingness to pay for country-of-origin-labeled beef steak and food safety enhancements. Canadian Journal of Agricultural Economics 61 (1): 93 – 118.

［173］Lindlof T, Taylor B. (2002). Qualitative communication research methods (second edition). Sage: Thousand Oaks, CA.

［174］Liu H, McCarthy B. (2017). Wine purchasing behaviour in China'. In the wine value chain in china: Consumers, marketing, and the wider world, ed. by capitello R, charters S, Menival D, Yuan J. Elsevier: Cambridge, 117 – 129.

［175］Liu S, Smith J, Liesch P, Gallois C, Ren Y, Daly S. (2011). Through the lenses of culture: Chinese consumers' intentions to purchase imported products. Journal of Cross-Cultural Psychology 42 (7): 1237 – 1250.

［176］Lockie S. (2002). The invisible mouth: Mobilizing "the consumer" in food production-consumption networks. Sociologia

Ruralis 42 (4): 278 – 294.

[177] Loebnitz N, Aschemann-Witzel J. (2016). Communicating organic food quality in China: Consumer perceptions of organic products and the effect of environmental value priming. Food Quality and Preference 50 (1): 102 – 108.

[178] Lopez-Mosquera N, Sanchez M. (2011). The influence of personal values in the economic-use valuation of Peri-urban green spaces: An application of the means-end chain theory. Tourism Management 32: 875 – 889.

[179] Loureiro M, Umberger W. (2005). Assessing consumer preferences for country-of-origin labeling. Journal of Agricultural and Applied Economics 37 (1): 49 – 63.

[180] Loureiro M, Umberger W. (2007). Estimating consumer willingness to pay for country-of-origin labeling. Journal of Agricultural and Resource Economics 28 (2): 287 – 301.

[181] Luo C. (2010). The analysis on factors affecting consumers' willingness to pay for safer food: Based on the theory of Planned Behaviour. China Rural Survey 6 (1): 22 – 33.

[182] Lusk J. (2003). Effects of cheap talk on consumer willingness-to-pay for golden rice. American Journal of Agricultural Economics 85: 840 – 856.

[183] Lusk J, Briggeman B. (2009). Food values. American Journal of Agricultural Economics 91 (1): 184 – 196.

[184] Lusk J, House L, Valli C, Jaeger S, Moore M, Morrow B, Traill W. (2004). Effect of information about benefits of biotechnology on consumer acceptance of genetically modified food: Evi-

dence from experimental auctions in the United States, England, and France. European Review of Agriculture Economics 31 (2): 179 – 204.

[185] Lusk J, Roosen J, Fox J A. (2003). Demand for beef from cattle administered growth hormones or fed genetically modified corn: A comparison of consumers in France, Germany, the United Kingdom, and the United States. American Journal of Agriculture Economics 85: 16 – 29.

[186] Lusk J, Schroeder T C. (2004). Are choice experiments incentive compatible? A test with quality differentiated beef steaks. American Journal of Agricultural Economics 86 (2): 467 – 482.

[187] Lusk J, Traill W, House L, Valli C, Jaeger S, Moore M, Morrow B. (2006). Comparative advantage in demand: Experimental evidence of preferences for genetically modified food in the united states and european union. Journal of Agricultural Economics 57 (1): 1 – 21.

[188] Luten J, Kole A, Schelvis R, Veldman M, Heide M, Carlehoeg M. (2002). Evaluation of wild cod versus wild caught, farmed raised cod from norway by dutch consumers. Okonomisk Fiskeriforskning 12: 44 – 60.

[189] Makatouni A. (2002). What motivates consumers to buy organic food in the uk? British Food Journal 104 (4): 345 – 352.

[190] Mao Y, Zhao N, Yang X. (2013). Food security and farm land protection in China. World Scientific Publication: Singapore.

[191] Marette S, Clemens R, Babcock B A. (2007). Recent international and regulatory decisions of geographical indications. Agribusiness 24 (4): 453 – 472.

[192] Mascarello G, Pinto A, Parise N, Crovato S, Ravarotto L. (2015). The perception of food quality: Profiling Italian consumers. Appetite 89: 175 – 182.

[193] Matli M. (2009). Outlines & Highlights for Cognition. AIPI Publication: Indonesia.

[194] Matsuyama K. (2002). The Rise of Mass Consumption Societies. Journal of Political Economy 110: 1035 – 1070.

[195] McCarthy B, Liu H, Chen T. (2016). Innovations in the agro-food system: Adoption of certified organic food and green food by Chinese consumers. British Food Journal 118 (6): 1334 – 1349.

[196] McCluskey J, Loureiro L. (2003). Consumer preferences and willingness to pay for food labeling: A discussion of empirical studies. Journal of Food Distribution Research 34 (3): 95 – 102.

[197] Mceachern M, Mcclean P. (2002). Organic purchasing motivations and attitudes: Are they ethical? International Journal of Consumer Studies 26 (2): 85 – 92.

[198] McFadden D. (1978). Modeling the Choice of Residential Location. Transportation research record 672, TRB, National Research Council, Washington, DC: 72 – 77.

[199] McFadden D, Train K. (2000). Mixed MNL models for discrete response. Journal of Applied Econometrics 15: 447 – 470.

[200] Mckendree M, Widmar N O, Ortega D L, Foster K A. (2013). Consumer preferences for verified pork-rearing practices in

the production of ham products. Journal of Agricultural and Resource Economics 38 (3): 397-417.

[201] Meat and Livestock Australia (2016). Competitive Pressure Builds for Australian Beef Exports to China in 2016. [online] available from < https://www.mla.com.au/prices-markets/market-news/competitive-pressure-builds-for-australian-beef-exports-to-china-in-2016 > [19, Dec. 2017].

[202] Miles S, Frewer L. (2001). Investigating specific concerns about different food hazards. Food Quality and Preference 12 (1): 47-61.

[203] Miles S, Scaife V. (2003). Optimistic bias and food. Nutrition Research Reviews 16 (1): 3-19.

[204] Mills C. (1951). White Collar: The American Middle Classes. Oxford University Press: New York.

[205] Morgan K, Murdoch J. (2000). Organicvs, conventional agriculture: Knowledge, power and innovation in the food chain. Geoforum 31 (2): 159-173.

[206] Morgan L. (1985). The importance of quality. In Perceived Quality: How Consumers View Stores and Merchandise, ed. by Jacoby J. and Olson J. Lexington Books: Lexington, MA: 61-64.

[207] Mørkbak M R, Christensen T, Gyrd-Hansen D. (2010). Consumer preferences for safety characteristics in pork. British Food Journal 112 (7): 775-791.

[208] Moser R, Raffaelli R, Notaro S. (2014). Testing hypotetical bias with a real choice experiment using respondents' own money. Eurpean Review of Agricultural Economics 41 (1): 25-46.

[209] Moskowitz H, Silcher M. (2006). The applications of conjoint analysis and their possible uses in sensometrics. Food Quality and Preference 17 (3/4): 145 – 165.

[210] Mostovicz E, Kakabadse N. (2009). Means-end laddering: A motivational perspective. Problems and Perspectives in Management 7 (3): 85 – 94.

[211] Mullins C, Bellgrove M A, Gill M, Robertson I. (2005). Variability in time reproduction: Difference in adhd combined and inattentive subtypes. Journal of the American Academy of Child and Adolescent Psychiatry 44 (2): 169 – 176.

[212] Murdoch J, Marsden T, Banks J. (2000). Quality, nature, and embeddedness: Some theoretical consideration in the context of the food sector. Economic Geography 76 (2): 107 – 125.

[213] Murphy J J, Allen P G, Stevens H S, Weatherhead D. (2005). A meta-analysis of hypothetical bias in stated preference valuation. Environmental and Resource Economics 30 (3): 313 – 325.

[214] Naspetti S, Zanoli R. (2009). Organic food quality and safety perception throughout Europe. Journal of Food Products Marketing 15 (3): 249 – 266.

[215] Nes E, Bilkey W. (1993). A multi-cue test of country of origin theory. In Product-Country Images: Impact and Role in International marketing, ed. by Padopoulos, N. and Heslop, L., International Business Press: New York: 179 – 185.

[216] Nielsen N, Bech-Larsen T, Grunert K G. (1998). Consumer purchase motives and product perception: A laddering study on vegetables oil in three countries. Food Quality and Preference 9 (6):

455-466.

[217] Northen J. (2000). Quality attributes and quality cues effective communication in the uk meat supply chain. British Food Journal 102 (3): 230-245.

[218] Olson J. (1989). Theoritical foundation of means end chain. Werbeforschung & Praxis 5: 174-178.

[219] Olson J, Jacoby J. (1972). Cue utilization in the quality perception process. In Proceedings of the Third Annual Conference of the Association for Consumer Research, ed. by Venkatesan M., University of Chicago: Chicago: 167-179.

[220] Ophuis O, Van Trijp H. (1995). Perceived quality: A market driven and consumer oriented approach. Food Quality and Preference 6 (3): 177-183.

[221] Orme B K. (2006). Getting Started with Conjoint Analysis: Strategies for Product Design and Pricing Research. Research Publishers LLC, Madison, W1.

[222] Organization for Economic Co-operation and Development (2016). The Squeezed Middle Class in OECD and Emerging Countries-Myth and Reality, [online] available from < https://www.oecd.org/inclusive-growth/about/centre-for-opportunity-and-equality/Issues-note-Middle-Class-squeeze.pdf > [04, May. 2018].

[223] Ortega D, Hong S, Wang H, Wu L. (2016). Emerging markets for imported beef in China: Results from a consumer choice experiment in Beijing. Meat Science 121: 317-323.

[224] Ortega D, Wang H, Olynk N, Wu L, Bai J. (2012). Chinese consumers demand for food safety attributes: A push for govern-

ment and industry regulations. American Journal of Agricultural Economics 94 (2): 489-495.

[225] Ortega D, Wang H, Wu L, Olynk N. (2011). Modeling heterogeneity in consumer preferences for select food safety attributes in China. Food Policy 36 (2): 318-324.

[226] Orth U R, Wolf-McGarry M, Dodd T H. (2005). Dimensions of wine region equity and their impact on consumer preferences. Journal of Product and Brand Management 4 (2): 88-97.

[227] Oxford English Dictionary (2018). Middle Class [online] available from < www.oed.com.elibrary.jcu.edu.au/view/Entry/118147? redirectedFrom = middle + class # eid > [04, May. 2018].

[228] Peichl A, Schaefer T, Scheicher C. (2010). Measuring richness and poverty-A micro data application to Europe and Germany. Review of Income and Wealth 56 (3): 597-619.

[229] People's Daily Online (2010). Imported Food Market Grows. [online] available from < http://en.people.cn/90001/90778/90860/7194139.html > [06, May. 2018].

[230] Peri C. (2006). The universe of food quality. Food Quality and Preference 17 (1): 3-8.

[231] Peterson H, Burbidge L. (2012). Japanese consumers' valuation of U.S. beef and pork products after the beef trade ban. Journal of Agricultural and Resource Economics 37 (1): 58-76.

[232] Peterson P, Jolibert A. (1995). A meta-analysis of country-of-origin effects. Journal of International Business Studies 26 (4): 883-900.

［233］Pew Research Center（2015）. The American Middle Class Is Losing Ground. ［online］available from < www. oed. com. elibrary. jcu. edu. au/view/Entry/118147? redirectedFrom = middle + class#eid > ［04, May. 2018］.

［234］Phillips J, Reynolds T. （2009）. A hard look at hard laddering. Qualitative Market Research: An International Journal 12 （1）: 83 – 99.

［235］Pieters R, Baumgartner H, Allen D. （1995）. A means-end chain approach to consumer goal structure. International Journal of Research in Marketing 12 （3）: 227 – 244.

［236］Popkin B M. （2003）. Thenutrition transition in the developing world. Development Policy Review 21: 581 – 597.

［237］Poulsen C, Juhl H, Kristensen K, Bech A, Engelund E. （1996）. Quality guidance and quality formation. Food Quality and Preferences 7 （2）: 127 – 135.

［238］Prescott J. （1998）. Comparison of taste perceptions and preferences of Japanese and Australian consumers: Overview and implications for cross-cultural sensory research. Food Quality and Preference 9 （6）: 393 – 402.

［239］Prescott J, Young O, ONeill I, Yau N, Stevens R. （2002）. Motives for food choice: A comparison of consumers from Japan, Taiwan, Malaysia and New Zealand. Food Quality and Preference 13: 489 – 495.

［240］Pressman S. （2007）. The decline of the middle class: An international perspective. Journal of Economic Issues 41 （1）: 181 – 200.

[241] Pritchett L, Spivack M. (2013). Estimating Income/Expenditure Differences across Populations: New Fun with Old Engel's Law. Center for Global Development Working Paper, No. 339, [online] available from <https://www.cgdev.org/sites/default/files/estimating-income-expenditure-differences-populations_wcvr_2.pdf> [04, May. 2018].

[242] Quester P, Pettigrew S, Kopanidis F, Rao Hill S, Hawkins D. (2014). Consumer Behaviour (Seventh Edition). McGraw-Hill: Sydney.

[243] Ravallion M, Chen S, Sangraula P. (2009). Dollar aday revisited. World Bank Economic Review 23 (2): 163 – 184.

[244] Renting H, Marsden T, Banks J. (2003). Understanding alternative food networks: Exploring the role of short food supply chains in rural development. Environment & Planning A 35 (3): 393 – 411.

[245] Reynolds T, Gutman J. (1988). Laddering theory, method, analysis, and interpretation. Journal of Advertising Research 28 (1): 11 – 31.

[246] Richardson D, Dick A, Jain A. (1994). Extrinsic and intrinsic cue effects on perceptions of store brand quality. Journal of Marketing 58 (4): 28 – 36.

[247] Riordan N, Cowan C, McCarthy M. (2002). Safety of Irish beef-concerns, awareness and knowledge of Irish consumers. Journal of Food Safety 22 (1): 1 – 15.

[248] Robinson O. (2013). Values and adult ages: Findings from two cohorts of the European social survey. European Journal of

Ageing 10 (1): 11 -23.

[249] Roininen K, Arvola A, Lähteenmäki L. (2006). Exploring consumers' perceptions of local food with two different qualitative techniques: Laddering and word association. Food Quality and Preference 17 (1): 20 -30.

[250] Roitner-Schobesberger B, Darnhofer I, Somsook S, Vogl C. (2008). Consumer perceptions of organic foods in Bangkok, Thailand. Food Policy 33 (2): 112 -121.

[251] Roosen J, Lusk J L, Fox J A. (2001). Consumer Demand For And Attitudes Toward Alternative Beef Labeling Strategies In France, Germany, And the U. K. Agribusiness 19 (1): 77 -90.

[252] Rosa F. (2006). What determines the consumers' attitudes toward a new product. Journal of International Food & Agribusiness Marketing 18 (3 -4): 33 -64.

[253] Roth M, Romeo J. (1992). Matching product catgeory and country image perceptions: A framework for managing country-of-origin effects. Journal of International Business Studies 23 (3): 477 -497.

[254] Rozan A, Stenger A, Willinger M. (2004). Willingness-to-pay for food safety: An experimental investigation of quality certification on bidding behavior. European Review of Agricultural Economics 31: 409 -425.

[255] Russell C, Busson A, Flight I, Bryan J, Van Pabst van Lawick J, Cox D. (2004). A comparison of three laddering techniques applied to an example of a complex food choice. Food Quality and Preference 15 (6): 569 -583.

[256] Sanchez-Fernandez R, Iniesta-Bonillo M. (2007). The concept of perceived value: A systematic review of the research. Marketing Theory 7 (4): 427-451.

[257] Sarantakos S. (2005). Social Research (Third Edition). Palgrave Macmillan: New York.

[258] Savage M, Devine F, Cunningham N, Taylor M, Li Y, Hjellbrekke J, Le Roux B, Friedman S, Miles A. (2013). A new model of social class? Findings from the BBC's Great British Class Survey experiment. Sociology 47 (2): 219-250.

[259] Scarpa R, Philippidis G, Spalatro F. (2010). Product-country images and preference heterogeneity for mediterranean food products: A discrete choice framework. Agribusiness 21 (3): 329-349.

[260] Schacter D, Gilbert D, Wegner D, Hood B. (2012). Psychology: European edition. Palgrave Macmillan: Hampshire, U. K.

[261] Scheurich J. (1995). A Postmodernist Critique of Research Interviewing. International Journal of Qualitative Studies in Education 8 (3): 239-252.

[262] Schiffman L, Kanuk L. (2010). Consumer Behavior (Tenth Edition). Prentice Hall: Upper Saddle River, NJ.

[263] Schiffman L, Kanuk L. (2014). Consumer Behaviour: Global and Shourhern African Perspectives. Pearson: Cape Town.

[264] Schiffman L, O'Cass A, Paladino A, Carlson J. (2014). Consumer Behaviour (Sixth Edition). Pearson Australia: Frenchs Forest.

[265] Schwartz S. (1992). Universals in the content and

structure of values: Theory and empirical tests in 20 countries. In Advances in Experimental Social Psychology, ed. by Zanna, M. Academic Press: New York: 1 – 65.

［266］Sheffrin S. (1996). Perception of fairness in the crucible of tax policy. In Tax Progressivity and Income Inequality, ed. by Slemrod J. Cambridge University Press: Cambridge, 309 – 340.

［267］Shepherd R. (1989). Handbook of the Psychophysiology of Human Eating. Wiley: Chichester.

［268］Shepherd R, Sparks R. (1994). Modelling food choice. In: Macfie, H. and Thomson, D. (eds.), Measurements of food Preference. Blackie Academic and Professional: London: 202 – 223.

［269］Shogren J F, Fox J A, Roosen H J. (1999). Observed choices for food safety in retail, survey, and auction markets. American Journal of Agricultural Economics 81 (5): 1192 – 1199.

［270］Sirieix L, Kledal P R, Sulitang T. (2011). Organic food consumers' trade-offs between local or imported, conventional or organic products: A qualitative study in Shanghai. International Journal of Consumer Studies 35 (6): 670 – 678.

［271］Sklair L. (1994). Capitalism, agriculture and world economy. In Capitalism and Development, ed. by Sklair, L. Routledge: London, 316 – 338.

［272］Slemrod J. (1996). Tax Progressivity and Income Inequality. Cambridge University Press: Cambridge.

［273］Sorenson D, Henchion M. (2011). Understanding consumers' cognitive structures with regard to high pressure processing:

A means-end chain application to the chilled ready meals category. Food Quality and Preference 22 (3): 271-280.

[274] Sourial N, Wolfson C, Zhu B, Quail J, Fletcher J, Karunananthan S, Bandeen-Roche K, Beland F, Bergman H. (2010). Correspondence analysis is a useful tool to uncover the relationships among categorical variables. Journal of Clinical Epidemiology 63 (6): 638-646.

[275] Srinivasan N, Subhash C, Sikand K. (2004). An experimental study of two dimensions of country-of-origin (manufacturing country and branding country) using intrinsic and extrinsic cues. International Business Review 13 (1): 65-82.

[276] Stake R. (2005). Qualitative case study. In The Sage Handbook of Qualitative Research, ed. by Denzin, N. and Lincoln, Y. Sage: London, 443-466.

[277] State Council Information Office of China (2016). Food and Drug Safety Press Conference [online] available from <http://www.scio.gov.cn/xwfbh/xwbfbh/wqfbh/33978/34253/index.htm> [19, Dec. 2017].

[278] Steenkamp J. (1990). Conceptual model of the quality perception process. Journal of Business Research 21 (4): 309-333.

[279] Storper M, Salais R. (1997). Worlds of Production: The Action Frameworks of the Economy. Harvard University Press: Cambridge, MA, and London.

[280] Sun X, Collins R. (2013). A preliminary study of Chinese consumers' willingness-to-pay for fruit producted with sustainable attributes. Acta Horticulturae 1006: 349-353.

[281] Szalay L, Deese J. (1978). Subjective Meaning and Culture: An Assessment through Word Associations. Lawrence Erlbaum Associates: Hillsdale, NJ.

[282] Teas R, Agarwal S. (2000). The effects of extrinsic product cues on consumers' perceptions of quality, sacrifice, and value. Journal of the Academy of Marketing Science 28 (2): 278 – 290.

[283] Tellis W. (1997). Introduction tocase study. The Qualitative Report 3 (2): 1 – 5.

[284] The Asian Development Bank (2010). The Rise of Asia's Middle Class. [online] available from < https://www.adb.org/sites/default/files/publication/27726/special-chapter-01.pdf > [04, Dec. 2018].

[285] The Economist Intelligence Unit (2016). The Chinese Consumer in 2030 [online] available from < http://www.andrewleunginternationalconsultants.com/files/eiu-report-chinese-consumers-by-2030.pdf > [19, Dec. 2017].

[286] The Fung Business Intelligence (2017). Spotlight on China Retail [online] available from < https://www.fbicgroup.com/sites/default/files/SCR2017_full.pdf > [04, May. 2018].

[287] The World Bank (2018). Databases [online] available from < https://wits.worldbank.org > [04, May. 2018].

[288] Thurow L. (1985). The disappearance of the middle class, New York Times: Feb.

[289] Tohnan E C. (1932). Purposive Behavior in Animals and Men. Appleton-Century, New York.

[290] Troy D, Kerry J. (2010). Consumer perception and the role of science in the meat industry. Meat Science 86 (1): 214 – 226.

[291] Turrell G, Kavanagh A M. (2006). Socio-economic pathways to diet: Modelling the association between socio-economic position and food purchasing behavior. Public Health Nutrition 9 (3): 375 – 383.

[292] Umberger W, Feuz D, Calkins C, Sitz B. (2009). Country-of-origin labeling of beef products: US consumers' perceptions. Journal of Food Distribution Research 34 (3): 103 – 116.

[293] United Nations (2018). Comtrade Database [online] available from <https://comtrade.un.org/data/> [04, May. 2018].

[294] Urala N, Lahteenmaki L. (2007). Consumers' changing attitudes towards functional foods. Food Quality and Preference 18 (1): 1 – 12.

[295] Urbany J E, Dickson P R, Kalapurakal R. (1996). Price search in the retail grocery market. Journal of Marketing 60 (2): 91 – 104.

[296] Valette-Florence P, Sirieix L, Grunert K G, Nielsen N. (2000). Means-end chain analyses of fish consumption in denmark and france: A multidimensional perspective. Journal of Euromarketing 8 (1/2): 15 – 27.

[297] Vanhuele M, Drèze X. (2002). Measuring the price knowledge shoppers bring to the store. Journal of Marketing 66 (4): 72 – 85.

[298] Vannoppen J, Verbeke W, Van Huylenbroeck G, Vi-

aene J. (2001). Consumer valuation of short market channels for fresh food through labeling. Journal of International Food and Agribusiness Marketing 12 (1): 41-69.

[299] Van Rijswijk W, Frewer L. (2008). Consumer perceptions of food quality and safety and their relation to traceability. British Food Journal 110 (10): 1034-1046.

[300] Vaughan D. (1992). Theory elaboration: The heuristics of case analysis. In What is a Case? Exploring the Foundations of Social Inquiry, ed. by Ragin C, Becker H. Cambridge University Press: Cambridge: 173-202.

[301] Veale R, Quester P. (2009). Do consumer expectations match experience? Predicting the influence of price and country of origin on perceptions of product quality. International Business Review 18 (2): 134-144.

[302] Veeck G. (2003). Consumer response to changing food systems in urban China. Advances in Consumer Research 30: 142-156.

[303] Veeck G. (2013). China's food security: Past success and future challenges. Eurasian Geography and Economics 54 (1): 42-56.

[304] Veludo-de-Oliveira T, Ikeda A, Campomar M. (2006). Discussing laddering application by the means-end chain theory. Qualitative Report 11 (4): 626-642.

[305] Venkatachalam L. (2004). The contingent valuation method: A review. Environment Impact Assessment Review 24 (1): 89-124.

[306] Verbeke W, Demey V, Bosmans W, Viaene J. (2005). Consumer versus producer expectations and motivations related to superior quality meat: Qualitative research findings. Journal of Food Product Marketing 11 (3): 27 – 41.

[307] Verbeke W, Vackier I. (2004). Profile and effects of consumer involvement in fresh meat. Meat Science 67 (1): 159 – 168.

[308] Verbeke W, Vackier I. (2005). Individual determinants of fish consumption: Application of the theory of planned behavior. Appetite 44 (1): 67 – 82.

[309] Verlegh P, Steenkamp J. (1999). A review and meta-analysis of country-of-origin research. Journal of Economic Psychology 20 (5): 521 – 546.

[310] Vinson D, Jerome S, Laurence L. (1977). The role of personal values in marketing and consumer behavior. Journal of Marketing 41 (2): 44 – 50.

[311] Visser J, Trienekens J, van Beek P. (2013). Opportunities forlocal food production: A case in the Dutch fruit and vegetables. International Journal on Food System Dynamics 4 (1): 73 – 87.

[312] Vriens M, Hofstede F. (2000). Linking attributes, benefits and consumer values. Marketing Research 12 (3): 4 – 10.

[313] Walker B, Olson J. (1991). Means-end chains: Connecting products with self. Journal of Business Research 22 (2): 111 – 118.

[314] Wang F, Zhang J, Mu W, Fu Z, Zhang X. (2009). Consumers' perception toward quality and safety of fishery products,

Beijing, China. Food Control 20 (10): 918 - 922.

[315] Wang H. (2010). The Chinese Dream: The Rise of the World's Largest Middle Class and What It Means to You. Bestseller Press: Brande.

[316] Warner D, Procaccino J. (2004). Towards wellness: Women seeking health information. Journal of American Society for Information Science and Technology 55: 709 - 730.

[317] Watts D, Ilbery B, Maye D. (2005). Makingr econnections in agro-food geography: Alternative systems of food provision. Progress in Human Geography 29 (1): 22 - 40.

[318] Weatherell C, Tregear A, Allison J. (2003). In search of the concerned consumer: U. K. public perceptions of farming and buying local food. Journal of Rural Studies 19 (2): 233 - 244.

[319] Weber M. (1978). Economy and Society: An Outline of Interpretive Sociology. University of California Press: Berkeley.

[320] Wedgwood A, Sansom K. (2003). Willingness to Pay Survey- A Streamlined Approach: Guidance Notes for Small Town Water Services. WEDC: Loughborough University.

[321] Weir R. (2007). Class in America: An Encyclopedia. In Class in America: An Encyclopedia, ed. By Weir R. Greenwood Press: Westport, CT, 1 - 17.

[322] Woodruff R, Gardial S. (1996). Know Your Customer: New Approaches to Understanding Customer Value and Satisfaction. Blackwell Publishers: Cambridge, MA.

[323] World Intellectual Property Organization (1998). Intellectual Property Reading Material. World Intellectual Property Organi-

zation: Geneva.

[324] Wu L, Gong X, Qin S, Chen X, Zhu D, Hu W, Li Q. (2017). Consumer preferences for pork attributes related to traceability, information certification, and origin labeling: based on China's Jiangsu province. Agribusiness 33: 424 – 442.

[325] Xinghua News (2017). Report: China is Becoming the Second Largest Wine Market in 2020 [online] available from < http://www.xinhuanet.com/overseas/2017 – 03/02/c_ 1120556882. htm > [04, May. 2018].

[326] Yeung R, Yee W. (2010). Chinese new year festival: Exploring consumer purchase intention at the flower market in Macau. International Journal of Hospitality Management 29 (2): 291 – 296.

[327] Yin R. (2003). Case Study Research: Design and Methods (Third Edition). Sage: Newbury Park.

[328] Yin R. (2009). Case Study Research: Design and Methods (Fourth Edition). Sage: London.

[329] Yu Y, Feng K, Hubacek K, Sun L. (2016). Global implications of China's future food consumption. Journal of Industrial Ecology 20 (3): 593 – 602.

[330] Zanoli R, Naspetti S. (2002). Consumer motivations in the purchase of organic food: A means-end approach. British Food Journal 104 (8): 643 – 653.

[331] Zeithaml V. (1988). Consumer perceptions of price, quality, and value: A means-end model and synthesis of evidence. Journal of Marketing 52 (3): 2 – 22.

[332] Zhang C, Bai J, Wahl T. (2012b). Consumers' will-

ingness to pay for traceable pork, milk, and cooking oil in Nanjing, China. Food Control 27 (1): 21 – 28.

［333］Zhang L, Xu Y, Oosterveer P, Mol. A. (2016). Consumer trust in different food provisioning schemes: Evidence from Beijing, China Journal of Cleaner Production 134: 269 – 279.

［334］Zhang X, Dagevos H, He Y, Van der Lans I, Zhai F. (2008). Consumption and corpulence in China: A segmentation study of consumers from the perspective of food products. Food Policy 33 (1): 37 – 47.

［335］Zhang Y, Wan G, Khor N. (2012a). The rise of middle class in rural China. China Agricultural Economic Review 4 (1): 36 – 51.

［336］Zhao X, Kneafsey M, Finlay D. (2016). Food safety and Chinese geographical indications. British Food Journal 118 (1): 217 – 230.

［337］Zhou Z. (2010). Achieving food security in China: Past three decades and beyond. China Agricultural Economic Review 2 (3): 251 – 275.

［338］Zhou Z. (2017) Achieving Food Security in China. Routledge: London.

［339］Zhou Z, Liu H, Cao L, Tian W, Wang J. (2014). Food Consumption in China: The Revolution Continues. Edward Elgar Publishing: Cheltenham, U. K.

［340］Zhu Q, Li Y, Geng Y, Qi Y. (2013). Green food consumption intention, behaviors and influencing factors among Chinese consumers. Food Quality and Preference 28 (1): 279 – 286.

[341] 艾瑞咨询公司. 2016 年中国中等收入人群金融需求研究报告. http：//report. iresearch. cn/report/201610/2670. shtml，2018 - 12 - 04.

[342] 胡峰. 1990 年以来的粮食价格水平波动研究. 中国粮食经济，2008（5）.

[343] 机械工业信息研究院情报研究所. 中国牛羊肉产业分析报告（2015 年）.

[344] 李厚敦. 探访中国葡萄酒庄. 上海科学技术出版社，2012.

[345] 李培林. 怎样界定中等收入人群更准确. 人民网，http：//theory. people. com. cn/n1/2017/0717/c40531 - 29409224. html，2017 - 12 - 20.

[346] 顾行发，李闽榕，徐东华. 中国可持续发展遥感监测报告（2016）. 社会科学文献出版社，2017.

[347] 国家质量监督检验检疫总局. 2016 年中国进口食品质量安全状况白皮书.

[348] 国家质量监督检验检疫总局."十二五"进口食品质量安全状况白皮书.

[349] 西南财经大学中国家庭金融调查与研究中心. 中国家庭金融调查报告（2012）. 西南财经大学出版社，2012.

[350] 谢宇，张晓波，李建新，于学军，任强. 中国民生发展报告 2014. 北京大学出版社，2014.

[351] 中国商务部对外贸易司. 历年中国农产品进出口月度统计报告（2002 - 2018）. http：//wms. mofcom. gov. cn/article/ztxx/ ncpmy/ ncpydtj/200603/20060301783733. shtml，2018 - 12 - 15.

[352] 马骥, 秦富. 消费者对安全农产品的认知能力及其影响因素——基于北京市城镇消费者有机农产品消费行为的实证分析. 中国农村经济, 2009 (5).

[353] 王灿, 王德, 朱玮, 宋姗. 离散选择模型研究进展, 地理科学进展. 2005 (10).

附录
量化调研表

进口牛肉、婴儿奶粉及红酒消费习惯调查

为了了解进口食品在中国市场上的影响,以便政府能规范相关标签的使用,并促使本地生产厂商生产更符合您期望的产品,数位中澳研究学者联合进行此次调研。此问卷分成三部分,共21题,大约需要您5分钟时间。在此郑重承诺,您的回答将是匿名的且仅作科研用途。十分感谢您对食品行业的关心和支持,并期望此次调查结果有助于我国尽快建成成熟高效的食品供应体系。

第一部分　消费习惯

1. 您负责家中的食品采购吗?[单选题]
   ○A. 否　　　　　　○B. 是
2. 您大概多长时间吃一次牛肉?[单选题]
   ○A. 每周少于1次

○B. 每周 1~2 次/偶尔

○C. 每周 3 次及以上

3. 您过去一月牛肉消费量是多少？［单选题］

  ○A. 少于半斤　　　　○B. 1 斤左右

  ○C. 1 斤以上

4. 您购买过进口牛肉吗？［单选题］

  ○A. 没有　　　　　　○B. 购买过

5. 您购买婴儿奶粉的频率是以下哪个选项？［单选题］

  ○A. 从没买过　　　　○B. 过去常常买

  ○C. 现在常常买　　　○D. 偶尔购买

6. 您购买过进口婴儿奶粉吗？［单选题］

  ○A. 没有　　　　　　○B. 购买过

7. 您购买过红酒作为礼物吗？［单选题］

  ○A. 没有　　　　　　○B. 每年 1~2 次/偶尔

  ○C. 每年 3 次及以上

8. 您购买过进口红酒吗？［单选题］

  ○A. 没有　　　　　　○B. 购买过

9. 请指出在您认知中，购买牛肉时以下因素的重要程度（请在每行中勾选相应选项）。［矩阵量表题］

	根本不重要	不重要	比较不重要	一般	比较重要	重要	十分重要
产地（国产或非国产）	○	○	○	○	○	○	○
价格	○	○	○	○	○	○	○
售卖地（超市或农贸市场等）	○	○	○	○	○	○	○
包装（盒装或散称）	○	○	○	○	○	○	○

10. 请指出在您认知中，购买婴儿奶粉时以下因素的重要程度（请在每行中勾选相应选项）。[矩阵量表题]

	根本不重要	不重要	比较不重要	一般	比较重要	重要	十分重要
产地（国产或非国产）	○	○	○	○	○	○	○
价格	○	○	○	○	○	○	○
售卖地（超市或专业母婴店等）	○	○	○	○	○	○	○
品牌（较知名或从未听过）	○	○	○	○	○	○	○

11. 请指出在您认知中，购买红酒作为礼物时以下因素的重要程度（请在每行中勾选相应选项）。[矩阵量表题]

	根本不重要	不重要	比较不重要	一般	比较重要	重要	十分重要
产地（国产或非国产）	○	○	○	○	○	○	○
价格	○	○	○	○	○	○	○
品牌（较知名或从未听过）	○	○	○	○	○	○	○
包装（盒装或无包装）	○	○	○	○	○	○	○

第二部分　购买选择

假设您正准备购买牛肉为家人烹饪可口的晚餐或是为您的宝宝/孙辈购买婴儿奶粉或是为朋友/长辈选购一瓶红酒作为礼物赠

送。请从以下 3 组产品中做出选择。每组有 12 个选项,请从每组中挑选一个您最有可能购买的选项。

研究表明,虚拟场景中的消费者容易高估其消费意愿。但在真实世界中,您的食品购买预算却总是限定在一定范围之内。所以,请在进行选择时充分考虑预算问题,依照您日常消费习惯进行选择。

12. 面对产地标签、价格、销售渠道和包装分别为以下选项的牛肉,您最有可能购买以下哪项。[单选题]

　　○A. 澳大利亚,63 元/斤,农贸市场,盒装

　　○B. 中国,42 元/斤,农贸市场,盒装

　　○C. 中国,63 元/斤,农贸市场,盒装

　　○D. 美国,42 元/斤,农贸市场,散称

　　○E. 中国,84 元/斤,超市,盒装

　　○F. 巴西,63 元/斤,超市,盒装

　　○G. 美国,84 元/斤,超市,散称

　　○H. 美国,63 元/斤,农贸市场,盒装

　　○I. 中国,63 元/斤,超市,盒装

　　○J. 中国,84 元/斤,农贸市场,盒装

　　○K. 澳大利亚,63 元/斤,超市,盒装

　　○L. 澳大利亚,63 元/斤,农贸市场,散称

13. 面对产地标签,价格(900 克/桶),销售渠道和品牌分别为以下选项的婴儿奶粉,您最有可能购买以下哪项。[单选题]

　　○A. 美国,180 元/桶,超市,较知名品牌

　　○B. 美国,180 元/桶,专业母婴店,从未听过品牌

　　○C. 美国,180 元/桶,专业母婴店,较知名品牌

　　○D. 巴西,120 元/桶,超市,较知名品牌

○ E. 巴西，180 元/桶，超市，较知名品牌

○ F. 中国，120 元/桶，专业母婴店，从未听过品牌

○ G. 巴西，180 元/桶，专业母婴店，较知名品牌

○ H. 澳大利亚，240 元/桶，专业母婴店，较知名品牌

○ I. 美国，240 元/桶，专业母婴店，较知名品牌

○ J. 巴西，240 元/桶，超市，从未听过品牌

○ K. 澳大利亚，180 元/桶，专业母婴店，较知名品牌

○ L. 澳大利亚，120 元/桶，专业母婴店，从未听过品牌

14. 面对产地标签、价格（1L/瓶）、品牌和包装分别为以下选项的红酒，您最有可能购买_____作为礼品赠送。[单选题]

○ A. 阿根廷，120 元/瓶，从未听过品牌，盒装

○ B. 中国，240 元/瓶，较知名品牌，盒装

○ C. 阿根廷，240 元/瓶，从未听过品牌，盒装

○ D. 澳大利亚，120 元/瓶，较知名品牌，盒装

○ E. 法国，120 元/瓶，从未听过品牌，无过度包装

○ F. 阿根廷，240 元/瓶，较知名品牌，无过度包装

○ G. 中国，120 元/瓶，较知名品牌，盒装

○ H. 中国，240 元/瓶，从未听过品牌，无过度包装

○ I. 澳大利亚，180 元/瓶，从未听过品牌，无过度包装

○ J. 澳大利亚，240 元/瓶，较知名品牌，无过度包装

○ K. 澳大利亚，240 元/瓶，从未听过品牌，无过度包装

○ L. 澳大利亚，240 元/瓶，从未听过品牌，盒装

第三部分　个人情况

15. 您的性别是_____。[单选题]
○A. 男性　　　　○B. 女性

16. 您是否有国外生活或旅游经验？[单选题]
○A. 否　　　　○B. 是

17. 您的最高学历是_____。[单选题]
○A. 未受过教育　　　　○B. 高中及以下
○C. 大学/大专　　　　○D. 硕士
○E. 博士

18. 您的年收入为_____。[单选题]
○A. 低于每年6万元
○B. 6万~12万元
○C. 12万~18万元
○D. 18万元以上

19. 您的工作单位是_____。[单选题]
○A. 政府部门　　　　○B. 事业单位
○C. 国企　　　　○D. 私企
○E. 自己创业　　　　○F. 学生
○G. 无工作　　　　○H. 其他

20. 您过去一年中大部分时间居住于_____。[单选题]
○A. 一线城市（北上广深）

○B. 二线城市（省会城市及直辖市等）

○C. 三线城市（一般地级市）

○D. 农村地区

○E. 国外

21. 您的家庭状况（请填写下表）。[矩阵文本题]

您的年龄	
您家中常住人口（位）	
其中，家中常住小孩（位）	
其中，家中常住老人（位）